Stephan Szugat

Siéntete Bien:

¡Es Tu Decisión!

Cómo Cambiar Tus Sentimientos Decidiendo Cómo TE Gustaría Sentirte

Descargo De Responsabilidad

El autor y el editor de este libro y los materiales que lo acompañan han hecho todo lo posible para elaborar este libro.

El autor y el editor no garantizan la exactitud, la aplicabilidad, la idoneidad o la integridad del contenido de este libro. Asimismo, renuncian a cualquier garantía (expresa o implícita), a la comercialización o a la idoneidad para un fin determinado.

El autor y el editor no serán en ningún caso responsables de ninguna pérdida u otros daños, incluidos, entre otros, los daños especiales, incidentales, consecuentes o de otro tipo. Como siempre, debe buscarse el asesoramiento de un profesional competente en materia legal, fiscal, contable o de otro tipo.

El autor y el editor no garantizan el rendimiento, la eficacia o la aplicabilidad de ninguna de las ideas que aparecen en este libro. Todos los enlaces tienen únicamente fines informativos y no se garantiza su contenido, exactitud o cualquier otro fin implícito o explícito.

El material proporcionado en este libro o cualquier otro material relacionado es solo para fines educativos. El autor y el editor no están proporcionando ningún servicio psicológico y esto no es una recomendación sobre ningún tipo de tratamiento o terapia.

Contenido

Introducción

Lo Que Podrías Aprovechar De Este Libro

Este libro trata sobre Cómo y Por qué alcanzar la Máxima Energía para sentirse bien. Por supuesto, este libro también te dirá cómo permanecer en un estado de máxima energía, así como las desventajas y los beneficios que tiene para ti y para los demás.

No se trata de Pensamientos Positivos, ni de Motivación, ni de Mindfulness (conciencia plena). Ni tampoco de Meditación o Mindset (la mentalidad).

Por otra parte, este libro no tiene nada que ver con ideas esotéricas o fuera de este mundo. Para nada. Está basado en mis propias experiencias.

Y aunque no me conozcas todavía, puedes confiar en que no me gustan esas cosas locas del cielo, así como esos "Tú también puedes lograrlo"-Blablabla.

Introducción

He estado en muchos eventos motivacionales en el pasado, en los que le decían a todo el mundo que bailara y aplaudiera porque eras el más grande.

Unos días después del evento y vuelves a la "vida normal". Supongo que sabes lo que quiero decir. Te sobrecargas en estos eventos, pero nadie te dice cómo mantener tu Máxima Energía. En especial, cuando ocurre el siguiente suceso malo o incluso cuando no ocurre nada durante un periodo de tiempo más largo.

Sin embargo, siempre buscaba algo más sostenible. Resulta interesante que, cuando te observas a ti mismo y pruebas muchas cosas diferentes, descubres mucho más de lo que otros podrían decirte sobre ti.

Se trata de cómo gestionar tu energía, y como resultado, también podrías influir positivamente en la energía de las personas que te rodean.

Bien, vamos a ver la Autoconciencia, que también es una cosa que se hace con Mindfulness y otros enfoques. No obstante, todavía te centras en la energía utilizando los ejercicios de este libro.

Oh, no he mencionado eso hasta ahora, sí, hay ejercicios en este libro. Y es una muy buena idea hacer estos ejercicios una y otra vez. No te preocupes, son fáciles y solo necesitan un poco de tu tiempo.

Es posible que termines un ejercicio en menos de un minuto, pero incluso puedes dedicarle mucho más tiempo, si lo disfrutas.

Por lo tanto, los ejercicios no requieren mucho tiempo. Eso es porque a mí tampoco me gustan las cosas que requieren mucho tiempo.

Asimismo, es fácil integrar los ejercicios en tu vida diaria. Sin embargo, descubrirás que es una buena idea aumentar tu conciencia sobre tus sentimientos y pensamientos.

La autoconciencia constituye uno de los muchos enfoques. Depende totalmente de ti el enfoque que elijas. Elige un enfoque que te resulte familiar. Uno con el que te sientas cómodo.

Si te mantienes en estado de Máxima Energía, irás más allá del Pensamiento Positivo o del cambio de mentalidad. Por último, pero no por ello menos importante, puede que descubras que repito cosas aquí y allá. Y no es para llenar esta página de información.

Tampoco es para llenar este libro, se trata de recordarte. Aprendemos por repetición. Tú aprendiste a caminar por repetición.

Todo lo que aprendiste fue por repetición. Repites las cosas una y otra vez hasta que experimentas "Ah-Ha, ahora lo tengo". Es lo mismo con el tema de este libro.

Aquí hay un resumen rápido de lo que podrías obtener de este libro:

▶ Cómo conseguir la Máxima Energía
▶ Cómo mantenerse en la Máxima Energía
▶ Ejercicios para hacer lo anterior

¿Qué Ventajas Tiene Para Ti?

Como ya se ha mencionado, existen métodos sencillos para que puedas ascender.

Pero lo más importante son los beneficios que puedes obtener para ti y para los demás. ¿Por qué para los demás? ¿Y por qué no? Lo explico en un momento.

En primer lugar, veamos lo que hay para ti personalmente. En este caso, "personalmente" significa todos los ámbitos de tu vida. No podrías mejorar un área de tu vida sin beneficiar también otras áreas.

Es posible que acabes teniendo más claridad sobre lo que ocurre dentro de ti. Eso no es todo. Puedes ganar más claridad sobre lo que quieres de tu vida. Esto podría conducir a una mejor toma de decisiones. También podrías obtener más claridad sobre tus relaciones. O incluso mejorar tus relaciones.

Y, por supuesto, te sentirás más poderoso o incluso empoderado. Existe la posibilidad de que conozcas algunos de los conceptos que describo en este libro. Pero tal vez el contexto en el que te lo presento sea nuevo o diferente para ti.

No obstante, es de esperar que obtengas una visión de las interconexiones que todos tenemos con los demás, así como de las interconexiones psicofísicas dentro de nosotros.

Lo cual me lleva de nuevo a los beneficios para los demás. Bueno, puede ser que otras personas se beneficien cuando tu energía se eleva cada vez más.

¿Cómo podría ser esto? Te sientes mejor, por lo tanto puedes actuar de forma más cariñosa, más educada, más pacífica. Y mucho más. Eso es una ganancia para los demás, ya que es más fácil llevarse bien contigo. Ello no quiere decir que los demás puedan pasar por encima de ti.

Tus relaciones pueden mejorar, lo cual es un beneficio para todas las personas con las que te relacionas. Y eso podría ser un montón de gente. Eso es estupendo. Imagina que a todo el mundo le gusta estar cerca de ti y/o le gusta hacer negocios contigo. Estoy de acuerdo en que es una imagen bonita, pero puede que no ocurra.

Siempre habrá gente a la que no le agrades. No pasa nada, no tenemos que agradarle a todo el mundo y no tenemos que complacer a todo el mundo.

Aceptar esta verdad también ayuda a tus relaciones. Querer gustar a todo el mundo es un objetivo inalcanzable. Puede que los demás estén más de acuerdo contigo cuando tu energía es alta.

Pero no se trata de eso. No se trata de hacer que te quieran. Se trata de hacerte consciente del tremendo poder y energía que hay dentro de ti.

¿No me crees? Compruébalo por ti mismo. Sin embargo, ¿qué hay para ti? O dicho de otra manera, cuáles son los beneficios que podrías obtener de este libro:

▶ ganar claridad de lo que está sucediendo dentro de ti

- ganar claridad sobre qué decisiones tomar (mejor toma de decisiones en los negocios y en la vida)
- sentirte mejor contigo mismo (más feliz, más seguro de ti mismo)
- mejorar las relaciones con los demás
- más libertad para ti y para los demás
- métodos sencillos para aumentar tu nivel de energía
- reconocer la cantidad de energía que tienes para lograr tus objetivos.

Lo Que No Encontrarás En Este Libro

Este libro no trata de pruebas científicas. En consecuencia, no proporcionaré ninguna prueba mencionando ningún tipo de estudios.

Esto se debe a que hay muchos estudios por ahí, que pueden probar mi punto de vista y otros que pueden no hacerlo. Así pues, los estudios son una buena opción para debatir y profundizar en el tema si se está interesado.

Sin embargo, para mí es más importante ayudarte a experimentar lo que trata este libro. Los estudios te ayudarán a saber intelectualmente de qué estoy hablando.

Pero tu propia experiencia es mucho más importante. También tu propia experiencia te trae el verdadero conocimiento que va más allá del conocimiento intelectual.

La mejor manera de probarte las cosas es permitirte experimentarlas. Pero recuerda que lo que haces tiene consecuencias. Por eso este libro trata de tus experiencias internas.

En caso de que estés interesado en más investigación de fondo - en lo que estoy llamando "Máxima Energía" - siéntete libre de buscar en internet. Encontrarás muchos estudios interesantes.

En este libro tampoco encontrarás un secreto o un consejo rápido. Esto se debe a que no hay secretos sobre los temas tratados en este libro. Hay diferentes enfoques para obtener Máxima Energía. Pero tampoco hay un consejo rápido o una forma rápida de hacerlo.

Hay que hacer las cosas más a menudo para ver resultados. Eso, por supuesto, no significa que las cosas vayan a ser difíciles. Pueden parecer difíciles de hacer, pero podrías hacerlo de todas formas ya que los métodos que te muestro son sencillos.

Sin embargo, tienes que hacerlo tú mismo. Tienes que utilizar los métodos descritos en este libro. Nadie más puede hacerlo por ti.

Para resumir lo que no está en este libro:

▶ referencia a ningún estudio científico
▶ ningún secreto o consejo rápido
▶ información sobre cualquier tipo de atajo

Un Poco Sobre Mí

En mi vida he pasado por mucho dolor por no ser lo suficientemente hábil, por no ser lo suficientemente exitoso, por no tener la vida que quería vivir, por estar enojado, por estar avergonzado, por estar ofendido por lo que la gente decía.

Introducción

Creo que esto te puede sonar familiar, ya que muchas personas tienen experiencias similares en la vida.

Sin embargo, los Métodos y Técnicas que comparto contigo en este libro, fueron los que me ayudaron a obtener conocimientos, que me han ayudado a superar todas estas emociones y contratiempos.
Todo lo que te cuento en este libro es de mi propia experiencia.

No obstante, este libro no trata de mí, sino de tu experiencia. Se trata de la lección más importante que he aprendido en mi vida. Si lo experimentas, lo sabrás.

Si no, es bueno que sepas lo que yo he pasado, pero ¿cómo te ayuda eso a encontrar tus propias respuestas, tu propia fuente de energía? Solo te ayuda en la medida en que yo pueda dirigirte a donde puedas encontrarla.
Por lo tanto, mantengo la historia sobre mí mismo muy corta.

Me inicié en la Superación Personal y el Pensamiento Positivo cuando tenía unos 17 años. Desde entonces he probado y utilizado muchos métodos diferentes, descubriendo que la mayoría de ellos son demasiado tediosos o requieren mucho tiempo para aplicarlos todos los días.

En aquel entonces no había nadie que hablara de conseguir o mantener la Máxima Energía. Todo giraba en torno a la autosuperación, es decir, a cambiarse a sí mismo para ser una mejor persona.
Principalmente se trataba de pensar de una manera diferente.

Honestamente, eso requiere mucha energía. La mayoría de los pensamientos que tenemos cada día son negativos. Compruébalo por ti mismo observando tus pensamientos.

Cuando empecé, era un movimiento más bien esotérico. Sin embargo, ya había muchos enfoques basados en la ciencia, pero extremadamente difíciles de integrar en tu vida diaria.

Avanzando rápidamente, durante los últimos 19 años he estado trabajando como consultor de gestión empresarial, especialmente en finanzas y contabilidad, lo que me ha dado muchas oportunidades de hablar con empresarios, dueños de negocios y ejecutivos y reconocer lo importante que es para ellos tener herramientas fáciles y eficaces.

Pero no es que tengas que ser alguien como ellos. No, lo que se aplica a estas personas, se aplica a cada uno de nosotros.

A nadie le gusta pasar mucho tiempo cambiando cosas. A mí tampoco. Sin saberlo, buscaba todo el tiempo para encontrar algo simple y fácil de implementar en mi vida diaria.

Cada vez que alguien se interesaba, le daba algunos consejos sobre lo que podía hacer por sí mismo. De este modo, siempre tenía un motivo para continuar mi búsqueda.

Para mí, estar centrado en las soluciones es la clave. Lo que he aprendido a lo largo de mi vida y observando las vidas de los demás es que hay una solución para cualquier problema o cuestión, si estás dispuesto a buscarla y utilizarla.

Introducción

Quizá te lleve un tiempo encontrar/ver la solución, pero está disponible. Tal vez no en este momento. Sigue adelante hasta que la tengas.

Eso debería ser suficiente sobre mí, vamos a hacer que experimentes la energía superior. Vamos.

Mi historia en viñetas:

► he tenido tiempos difíciles como todos los humanos.
► empecé con el Pensamiento Positivo y otros Enfoques a la edad de 17 años.
► estoy más interesado en enfoques simples que son fáciles de implementar en la vida diaria.
► estoy centrado en las soluciones.
► estoy siempre dispuesto a aprender.

El Asombroso Poder De Permanecer Con Máxima Energía

¿Alguna vez te has sentido animado cuando alguien ha estado contigo y ha estado a tope con algo? Supongo que has tenido una experiencia así. Por lo menos una vez en tu vida la tuviste, aunque ya no lo recuerdes.

En este caso, el hecho de estar "a tope" significa que esa persona brillaba desde dentro, totalmente inmersa en el tema o la tarea elegida. Sin importar lo que ocurriera, esta persona se mantenía a la cabeza de lo que se le presentaba.

Tal vez te preguntes de dónde sacaba esta persona todo ese poder. La respuesta es muy fácil. Sacaba toda la energía de su interior. Aunque lo haya hecho inconscientemente.

La mayoría de nosotros puede decir "yo no tengo un poder tan grande" o "yo no podría ser tan entusiasta con algo". ¿De verdad? Creo que al menos una vez en tu vida tuviste algo que te entusiasmó.

Sin embargo, algo hizo que te detuvieras en el camino para lograrlo o para seguir adelante con ello. Con este libro no vamos a analizar eso.

Es más importante que reconozcas que sí hubo algo que me entusiasmó. Regresando al punto, estar en una energía más alta se siente bien y tiene muchos beneficios para ti y para todos los que te rodean.

Aunque, ¿cuáles son los beneficios para ti? Te sientes muy bien. Eso por sí solo es un gran beneficio. Estás más tranquilo, más aceptado, más positivo. Además, consigues hacer las cosas con más facilidad, pues eres más productivo.

Pero eso no es todo. Estar en una energía más alta también es bueno para ti, ya que estás menos estresado y tu salud se beneficia de ello. Como si eso no fuera suficiente, estar en una energía más alta también beneficia a tu entorno, es decir, a todos los que te rodean. Quizá incluso a todos los del mundo en cierta medida.

En realidad, parece que los humanos aún no hemos comprendido del todo lo interconectados que estamos en todos los niveles de la vida. Si lo comprendiéramos, dejaríamos de dañarnos unos a otros, incluso con palabras.

ncluso la Ciencia se está poniendo al día en ello, especialmente en la Física Cuántica ha habido nuevas e interesantes teorías o suposiciones sobre la energía que somos.

A efectos de este libro, nos limitaremos a ver el asombroso poder de permanecer en la energía superior y a explorar nuestras propias Experiencias en lugar de profundizar en las teorías científicas.

La experiencia que tienes por ti mismo es mucho más importante que leer sobre ella en cualquier libro o escuchar sobre ella a otra persona.

> Imagina estar alegre, en paz y tranquilo todo el tiempo y conseguir las cosas que quieres hacer con facilidad. ¿Se siente bien? Creo que sí.. ¿Reconoces el pequeño ejercicio que acabas de hacer? Te he pedido que te imagines estando alegre, en paz y en calma.

No podrías imaginar serlo, sin serlo. Interesante, ¿verdad? Por lo tanto, no podías imaginar cómo sentirte, simplemente lo sientes.

Ahora, ¿cómo vas a sentirte así todo el tiempo? Lo veremos juntos y examinaremos las opciones. Pero antes, tenemos que ver también otras cosas.

Por ejemplo, tenemos que ver cómo soltar los sentimientos/ emociones. Soltar un sentimiento/emoción es similar a soltar un lápiz que tienes en la mano. Simplemente lo dejas caer. Con los sentimientos, es el mismo principio, pero no puedes ver tus sentimientos ni tocarlos.

Por eso, tienes que conectarte con un sentimiento/emoción que te guste para dejarlo ir y decidir dejarlo caer. Eso es todo lo que tienes que hacer. Cuando te sientas un poco más ligero sabrás que has soltado el sentimiento/emoción.

Si eres una persona más visual, puedes imaginar que la energía del sentimiento se evapora a través de tu piel o fluye hacia la planta de tus pies. Hay muchos enfoques posibles aquí. Hazlo de la forma en que te sientas más cómodo.

Cómo Influye Tu Nivel De Energía En Tu Capacidad Para Tomar Decisiones

A todos nos ha pasado que las decisiones que tomas de mal humor pueden no traer los resultados que realmente querías.

Y lo que es peor, pueden incluso perjudicarle más adelante. Y "más tarde" podría significar incluso años después.

En cambio, si tomas las decisiones desde una energía más elevada y positiva, los resultados son mejores y duran aún más (al menos la mayoría de las veces es así).

Esto es algo que he observado muchas veces. No solo conmigo mismo, sino también con los demás.

El hecho de decidir por miedo es concentrarse en lo que no quieres. Claro, decides alejarte de este miedo.

Al principio, parece que todo va bien. Más tarde, sucede algo que incluso puede no parecer relacionado con tu decisión anterior que resulta de esta decisión por miedo.

Nuevamente, no es necesario que me creas. Investiga tu vida. ¿Has decidido alguna vez en un momento en que estabas de mal humor? Todos lo hemos hecho.

¿Cómo fue el resultado? ¿Fue bueno? ¿Sucedió algo más tarde, tal vez años después, en que te arrepentiste de esa decisión pasada?

No sería ninguna sorpresa para mí. Sí, siempre habrá decisiones sobre las que te sientas algo nervioso o inseguro. Suelen acompañar a ese sentimiento de Uh-Oh. Espero que sepas a qué me refiero.

Independientemente, será más fácil tomar cualquier decisión, cuando estés en una energía más alta. No significa que el nerviosismo o la incertidumbre desaparezcan. Simplemente estás más tranquilo con estos sentimientos.

Ahora comprueba las decisiones que has tomado desde un sentimiento muy bueno. ¿Qué recuerdas? Supongo que no hubo ningún evento de retroceso posterior, ni siquiera años después.

Y supongo que te sentiste muy bien y tuviste una especie de certeza en tu decisión. Aunque no pudieras decir por qué estás tan seguro.

En caso de que hubiera algo que te devolviera el tiro, entonces podría no haber sido tan perjudicial como con las decisiones tomadas de mal humor.

Al menos esa es mi propia experiencia.

Hay otra cosa que influye en tu capacidad de decisión: tu nivel de energía. Cuando tu nivel de energía es bajo por estar de mal humor como el miedo o la duda, hay una especie de sensación de niebla.

Es como si no pudieras formar un pensamiento claro, aunque eres consciente de todo lo que ocurre. Incluso puedes sentirte entumecido o paralizado.

Tomar buenas decisiones en ese estado es difícil. Tal vez incluso sea imposible.

Con los métodos que se muestran en este libro, tienes la oportunidad de salir de ese estado de ánimo y tomar tu decisión desde un lugar mejor.

No tienes que esperar a sentirte bien para tomar decisiones, puedes cambiar activamente tu estado de ánimo.

Para cambiar tu estado de ánimo se necesita valor, voluntad y determinación. No ocurre por sí solo. Tienes que decidir y seguir tu decisión.

Es algo sencillo, pero a veces no es tan fácil. Tú y yo lo sabemos.

Así que aquí están las razones más importantes por las que tu nivel de energía influye en tu capacidad de decisión:

► Las decisiones tomadas desde un mal estado de ánimo pueden volverse en tu contra incluso años después.
► Cuando estás de mal humor puedes sentirte nublado, entumecido o paralizado, que no son buenos estados para tomar decisiones.
► Se pueden tomar mejores decisiones desde niveles de energía más altos.
► Te sientes muy bien cuando tu energía es alta.
► Estás en el "flujo" cuando tu energía es alta. Eso significa que las cosas fluyen con más facilidad, e incluso si las cosas no parecen fluir con facilidad, puedes seguir sintiéndote relativamente tranquilo y aceptando.

Cómo Afectan Tus Sentimientos A Tu Nivel De Energía

Tus sentimientos tienen una conexión directa con tu nivel de energía. Si te sientes deprimido, no te apetece hacer nada. Si te sientes entusiasmado, te sientes preparado para afrontarlo todo. Probablemente lo hayas experimentado tú mismo. Si te sientes deprimido, te cuesta ponerte en marcha y hacer cualquier cosa. Si te sientes bien, todo fluye con facilidad.

Sin embargo, no es necesario que el mal humor, la depresión o las emociones negativas repercutan en tu nivel de energía. Esto se debe a que podemos examinar la causa del mal humor o de la emoción negativa.

En la mayoría de los casos descubrirás que se trata de un sentimiento que tienes y que puede no estar relacionado con el momento presente. A partir de ahora tienes el poder de sobreescribir cualquier cosa que la mente traiga como sentimiento. Tu poder para sobrescribir la mente está en tu decisión. Puedes decidir seguir los pensamientos y sentimientos negativos o puedes decidir dejarlos ir y ser positivo pase lo que pase.

Sí, esto puede no ser fácil todo el tiempo. Sin embargo, es muy sencillo. Tú decides y te mantienes en tu decisión. Si plantas un árbol, no lo desentierras al cabo de una hora porque no veas ningún progreso.

Aunque decidas ser positivo y aparezcan más sentimientos negativos, puedes volver a decidir ser positivo. Y puedes hacerlo una y otra vez. Hasta que te sientas cada vez más positivo.

No eres el esclavo de tus sentimientos. Eres el dueño de ellos. Te permites experimentarlos o dejarlos ir y ser positivo.

El modo en que dejas ir un sentimiento es algo que conoces desde tu infancia. Es posible que hayas olvidado cómo hacerlo conscientemente. Sigue leyendo, ya que más adelante veremos cómo dejar ir los sentimientos.

La cuestión no es suprimir tus sentimientos siendo positivo o sobrescribiéndolos, se trata más bien de aceptarlos y decidir sentirte de otra manera. Aceptar tus sentimientos puede ser lo más difícil de hacer cuando te sientes realmente mal. Sin embargo, la decisión de sentirse mal sigue siendo tuya. Así que puede que no hayas decidido aceptar y dejar ir.

Hagamos un pequeño experimento para que entiendas mejor lo que quiero decir. Piensa en algo que te desanime. ¿Qué experimentas? No se siente bien, ¿verdad? ¿Piensa en algo agradable que te haga subir? ¿Se siente mejor? ¿Quién ha decidido en qué centrarse? Fuiste tú, ¿verdad? Acabo de darte un ejercicio de nuevo, pero tú decidiste hacerlo.

¿Necesitabas reprimir los malos sentimientos? No, simplemente decidiste cambiar tu enfoque y te sentiste mejor. ¿No te parece fácil?

Sin embargo, se necesita práctica y persistencia para volver a tomar estas decisiones. Se necesita tu esfuerzo y voluntad para continuar, sin importar lo que ocurra a tu alrededor.

Es tu decisión y solo puedes decidirte por una cara de la moneda. O bien ser negativo y sentirse mal, o bien ser positivo y sentirse bien.

No puedes sentirte bien y mal al mismo tiempo. Ok, eso no es siempre correcto. A veces nos sentimos bien y mal al mismo tiempo. Yo lo llamo sentimientos mixtos.

Puede ser que estés entusiasmado con algo nuevo y que, al mismo tiempo, te sientas nervioso o ansioso por ello. Cuando eres consciente del nerviosismo o la ansiedad, puedes hacer algo al respecto. Lo dejas pasar y te centras en la buena sensación.

A continuación, vamos a comprobar cómo tus sentimientos afectan a tu nivel de energía.

He aquí otro ejemplo. Cuando te levantas de la cama por la mañana y te sientes decaído. ¿Cómo va entonces tu día? Supongo que no irá tan bien como podría. Tú y yo sabemos cómo se sienten estos días. Hay muchas cosas que uno puede odiar de sí mismo.

Parece ser un flujo interminable de auto-odio y desaprobación. Y encima, también empezamos a hacer mal a los demás.

Comprueba, ¿cómo de productivo eres estos días? ¿Tu nivel de energía es alto o bajo? Probablemente sea bajo. Y no ves ninguna posibilidad de cambiarlo.

No obstante, todo esto no son más que sentimientos e historias en tu mente. Escúchalos y dales vida.

Cuando dejas de hacer eso, puedes experimentar que ya te sientes mejor. Cuando empieces a darte energía positiva, te sentirás mucho más ligero y te sentirás aún mejor.

Quizás también hayas tenido la experiencia de que tu día comenzó como se describe arriba, pero algo sucedió durante el día y tu estado de ánimo cambió.

A partir de ese momento tu día se desarrolló de forma agradable. ¿Has investigado alguna vez qué te ha hecho cambiar de humor?

No importa si lo has hecho o no, en este momento. Puedes hacerlo ahora mismo. Solo recuerda un día así. Busca el momento en el que tu estado de ánimo cambió.

¿Qué reconoces? ¿Sucedió algo que te hizo cambiar tu decisión sobre cómo te sientes? Supongo que ese ha sido el caso.

Otro ejemplo de cómo tus sentimientos afectan a tu nivel de energía: Imagina que escuchas tu música favorita. ¿Cómo te sientes? ¿Entiendes la onda?

Estupendo. Ahora, ¿dirías que te sientes más alto que antes, solo porque escuchas tu música favorita? Espero que tu música favorita esté llena de vibraciones positivas.

En caso de que tu música favorita tienda a ser melancólica, bueno, eso no te va a llevar a la máxima energía. Es más probable que te arrastre hacia abajo.

Lo que no significa que sea malo escuchar esa música. A veces también me gusta esa música. Pero si te gusta ponerte a tope, te gusta escuchar algo positivo y que vibre..

A mí, por ejemplo, me encanta escuchar algún tipo de Pop Rock, Soft Rock u otra música con un ritmo alto. Enseguida me siento mucho mejor. No obstante, a estas alturas deberías tener claro cómo tus sentimientos afectan a tu nivel de energía.

Esto no significa que tus sentimientos sean malos o problemáticos. Son solo sentimientos y tú eres el encargado de decidir si te gusta seguirlos o hacer algo diferente.

Bien, otro ejemplo del efecto de los sentimientos. ¿Has tenido alguna vez una situación en la que otro ser humano te haya hecho enfadar? Si no es así, eres muy afortunado, espero que lo sepas.

ueno, pero la mayoría de nosotros sí. ¿Cómo ha evolucionado tu día después de un incidente en el que sentiste mucha ira? ¿Has sido productivo? Eso depende, ¿no? Tal vez puedas canalizar tu ira en tu trabajo y deshacerte de ella de esa manera. Si no, puede que no haya sido un día tan agradable, supongo.

De todos modos, has vuelto a entender el punto. Tú no eres la ira. Puedes seguir la ira o decidir dejar pasar la situación y seguir adelante.

De niño, lo hiciste muchas veces, sin recordarlo. Observemos ahora más de cerca de dónde proceden realmente estos sentimientos que afectan a tu nivel de energía.

A continuación encontrarás una imagen que visualiza cómo los sentimientos afectan a tu nivel de energía y a tu vida.

De nuevo, no se trata de hacer nada malo. Estamos hablando del condicionamiento humano. Desde mi punto de vista, es relativamente sencillo.

Sin embargo, no es fácil salir del ciclo del condicionamiento humano de un momento a otro. Pero podría ser posible cuando comprendamos mejor cómo funcionan los sentimientos y los pensamientos.

Mira la imagen de arriba. Ves "Pensamientos y Sentimientos" que están causando "Acciones y Comportamientos", que a su vez conducen a "Pensamientos y Sentimientos", así como a "Resultados y Efectos".

Los "Resultados y Efectos" son las circunstancias creadas a partir de las "Acciones y comportamientos" que has mostrado.

Entonces las circunstancias desencadenan más "Pensamientos y Sentimientos" y el ciclo comienza de nuevo.

Este ciclo funciona 24/7. Incluso mientras duermes. En este libro, usamos los "Sentimientos" para llevarte a una energía más elevada. ¿Por qué? Bueno, como pudiste ver arriba, tus sentimientos son una especie de causa raíz de lo que estás haciendo y de lo que podrían ser tus resultados.

Este ciclo funciona 24/7. Incluso mientras duermes. En este libro, usamos los "Sentimientos" para llevarte a una energía más elevada. ¿Por qué? Bueno, como pudiste ver arriba, tus sentimientos son una especie de causa raíz de lo que estás haciendo y de lo que podrían ser tus resultados.

Si no me crees. Compruébalo tú mismo. ¿Es más fuerte el sentimiento de miedo o el pensamiento de miedo? ¿Simplemente PIENSA en el "miedo", o también lo SIENTE? A veces la sensación de miedo puede hacernos sentir como si estuviéramos a punto de morir, independientemente de nuestros pensamientos racionales.

Además, esto es una prueba para ti mismo de que tus sentimientos son más poderosos que tus pensamientos. Por cierto, los pensamientos y los sentimientos juegan juntos. Por lo general, no se producen por separado. Un pensamiento es algo así como un concepto o idea sobre algo. Dependiendo del concepto o idea sobre algo podemos experimentar diferentes sentimientos.

Puede haber ideas que nos hagan sentir bien, mientras que otras ideas o conceptos sobre nuestra vida pueden hacernos sentir mal. La mente trabaja con imágenes, no puede entender las palabras. He aquí una prueba de ello: Piensa en un caballo. ¿Tu pensamiento ha sido C A B A L L O o tenías una imagen de un caballo en mente? Supongo que era lo segundo.

Ya está bien de dar un rodeo por la mente. Volvamos al tema que nos ocupa. Ahora probablemente puedas entender mejor por qué la música positiva tiene un impacto en tus sentimientos y, por tanto, en tu nivel de energía.

Desde el nivel de energía más alto, te involucras, eres más propenso a realizar las Acciones correctas teniendo así Resultados que amas.

Muchos de los pensamientos y sentimientos que tenemos son subconscientes, lo que significa que no siempre eres consciente de por qué actúas de una determinada manera. Si notas algún comportamiento automático, detente por un momento.

Cuando te detengas, incluso en medio de un comportamiento automático, estarás en camino de cambiarlo. Pero ese no es nuestro tema.

Para resumir cómo tus sentimientos afectan a tu Nivel de Energía:

- ► sentirse negativo es igual a niveles bajos de energía.
- ► sentirse positivo es igual a niveles altos de energía.
- ► los sentimientos son más poderosos que los pensamientos.
- ► los pensamientos y los sentimientos a menudo surgen juntos.
- ► hay muchas maneras de salir de un mal estado de ánimo.
- ► permanecer de mal humor es tu decisión (en cada momento).
- ► tú eres el responsable de cómo te sientes.

Tu Nivel De Energía Y Tu Productividad

Cuando tu energía es baja, eres mucho más lento de lo que solías ser. Tu pensamiento puede ser más lento, tus reacciones pueden ser más lentas. Y tardas más en hacer las cosas. Incluso las cosas rutinarias.

Con la energía baja, puedes reconocer que te lleva más tiempo entender las cosas. Incluso seguir una conversación puede suponer más esfuerzo del habitual.

Puedes observar algo así cuando recuerdas que tienes dolores de cabeza. Podrías reconocer que todo se siente prolongado.

Mientras tienes dolores de cabeza, tu flujo de trabajo también es más lento. Esto es diferente de cuando te sientes al mando de todo. Entonces tu flujo de trabajo puede ser fluido y todo pasa fácilmente por tus manos.

¿Has tenido alguna vez un día así, en el que todo fluye de forma armoniosa y las cosas se hacen por arte de magia? Quizá te hayas preguntado al final del día: "¿Cómo lo he hecho? Hemos conseguido tanto en un solo día".

Bueno, eso es estar en el flujo de energía superior. Podrías crear este tipo de "flujo" para ti mismo una y otra vez. Sin embargo, no podrías forzarlo. No, entonces no va a suceder.

¿Cómo lo sé? Bueno, he intentado forzarlo muchas veces. Sin embargo, cuando no lo fuerzo, es cuando mejor funciona.

No te preocupes, te voy a decir exactamente lo que hago. Es tan fácil que estoy seguro de que tú también puedes hacerlo.

Solo hace falta tu decisión y determinación. Pero no necesita ningún tipo de fuerza de voluntad.

Tampoco es necesario ningún esfuerzo de pensamiento extremo. Eso también es contraproducente.

Un entorno libre de distracciones podría ayudar, pero tampoco es necesario. Cuando te sumerges en algo totalmente, no importa lo que esté sucediendo a tu alrededor.

Bien, aquí hay algunos puntos sobre tu energía y productividad:

- ▶ Cuando te sientes con poca energía cualquier tarea te lleva más tiempo.
- ▶ Cuando te sientes con energía alta/buena cualquier tarea se hace mucho más rápido.
- ▶ Estando en Máxima Energía puedes reaccionar más rápido (física y mentalmente).
- ▶ Un flujo de trabajo más armonioso con niveles de energía más altos.

Cómo La Máxima Energía Es Irresistible

La máxima energía es contagiosa. ¿No me crees? Aquí tienes la prueba.

¿Has estado alguna vez en un grupo de personas cuando alguien empezó a reírse desde lo más profundo de su ser y todos empezaron a reírse también?

¿Sí? Eso era Máxima Energía contagiosa. La verdadera alegría es Máxima Energía. Si tu respuesta fue no, pues veamos qué podemos hacer.

Tal vez hayas tenido una experiencia en la que una persona estaba entusiasmada con algo, y su energía te haya arrastrado a ti también. O simplemente te ha sorprendido la cantidad de energía que puede tener una persona.

Todo esto es Máxima Energía. ¿No te interesa saber por qué algunas personas parecen tener tanta energía y otras no?

Si no, ¿por qué has comprado este libro? En serio, debes haber tenido una buena razón para comprar este libro. Si es así, es genial.

Examinemos de todos modos. Y volvemos a examinar este tema mirándonos a nosotros mismos.

Sí, ¿por qué no? Puede que digas "Oh no, yo no tengo tanta energía como otros". ¿De verdad? ¿Cómo lo sabes? ¿Has intentado alguna vez tener tanta energía como los demás?

¿Recuerdas lo que dije sobre el conocimiento? Conocer por experiencia es el verdadero conocimiento.

Por lo tanto, averigüemos cómo y dónde encontrar toda esta Máxima Energía. Este es el ejercicio:

Aprovechando la Máxima Energía

Imagina que haces algo que realmente te gusta. Debe ser algo que te haga sonreír, incluso cuando solo piensas en ello. Do you have anything? ¿Lo tienes? ¡Genial! Ahora permite que surja esa energía que te hace sonreír por ello.. ¿Sientes que te gustaría hacer esa cosa ahora mismo? Si la respuesta es sí, esa es la energía que tienen estas personas todo el tiempo.

Pero si no sientes nada, puede ser que el tema en el que estabas pensando no te interese tanto en este momento. Busca algo que realmente te genere buenas vibraciones. Si eliges algo que realmente te gusta y aún así no sientes que la energía aumente, puede ser que te estés resistiendo o tengas miedo a concentrarte en ese tema.

Acepta la resistencia o el miedo como es. Permite que sea lo que es, energía. Relájate en ella. Luego inténtalo de nuevo y permite que surja la energía positiva.

Comprueba, ¿dónde encontraste la energía que te hizo sonreír y querer hacer lo que imaginabas? Dentro de ti mismo, ¿verdad? Por supuesto, ese es el único lugar donde podría estar.

¿Cómo lo has activado? Simplemente pensando en algo que realmente te gusta.

Ahora, esto podría ser una pista aquí. Has elegido algo que amas. El amor es una energía muy alta, si no la más alta del Universo.

Por otra parte, ¿qué es lo que buscamos? Correcto, el Amor. Todo el tiempo estamos buscando el Amor. Incluso podríamos decir que todo lo que hacemos es porque estamos buscando el Amor.

¿Te parece una locura? No debería, porque es algo natural. Solo hay que mirar dentro de uno mismo, ahí se puede encontrar la respuesta. ¿Es esto cierto? El amor no está en tu mente. Está en "Ti".

No importa cómo definas el "Tú". Desde mi experiencia y punto de vista, no hay manera de describir el "Tú". No hay manera de describir algo para lo que no existe una palabra en nuestros idiomas.

Y no puedes pensar en el Amor. Solo podrías experimentar el Amor. Amar algo o a alguien con todo tu corazón es una experiencia muy edificante.

Nunca te sientes agotado, cuando amas. ¿Tienes una idea de por qué la Máxima Energía es irresistible? ¿Si? ¿No? Te lo digo yo, aunque lo sabes al menos intelectualmente.

Es porque sientes el amor. Sí, es así de sencillo. Incluso si la persona que percibes con una energía más elevada ni siquiera sabe que está amando una cosa, un tema o una persona específica.
Si estás siguiendo una meta satisfactoria, entonces no puedes dejar de avanzar.

No es que estés presionando para ir hacia adelante o forzándote a ir hacia adelante. Simplemente lo haces porque te gusta.

Esa es una energía diferente a la de hacer algo para avanzar. Sin embargo, no es necesario que dejes tu trabajo o que deseches cualquier tipo de aprendizaje en este momento.

No, debes profundizar en este amor dentro de ti. Incluso podrías amar las cosas que normalmente no te gustan hacer.

¿Por qué no? Es mucho más fácil para ti si haces las cosas que no te gustan con una sonrisa en la cara. Cuanto más alta sea tu energía, más fáciles serán las cosas para ti. Al menos te sientes bien y los demás lo reconocerán.

Y quizás estén mucho más dispuestos a apoyarte en tus esfuerzos. A todo el mundo le gusta estar rodeado de gente positiva y cariñosa que nos motive e inspire.

Vale, te oigo decir "Este no soy yo. No soy este tipo de persona". ¿Otra vez? ¿De verdad? Bueno, no hace falta ser alguien en público para experimentar el irresistible impacto de la Máxima Energía.

Puedes experimentarlo justo donde estás. Pruébalo por ti mismo. Utiliza los métodos y ejercicios descritos en este libro todos los días.
Cada vez que te acuerdes, te darás más energía, más amor.

Aunque las cosas puedan empeorar, sigue adelante y date más amor y más energía. Es tu decisión.

¿Por qué podrían empeorar las cosas? ¿Has utilizado alguna vez una escoba para limpiar una habitación llena de polvo? Recuerda lo que pasó. Empiezas a barrer y el polvo sale por todas partes.

Sorprendentemente, cuando has terminado, el polvo se ha asentado y la habitación está mucho más limpia. Pero tuviste que pasar por la fase de suciedad y seguir barriendo hasta que la habitación quedó limpia.

Por otro lado, puede que no te ocurra que las cosas empeoren. Entonces podrías considerarte afortunado. El trabajo interior que haces con darte más y más energía superior está cambiando las cosas dentro de ti y con ello fuera de ti también. Es inevitable. Pero tienes que seguir adelante.

Volviendo a que la Máxima Energía es irresistible.

Como ya se ha descrito anteriormente, la Máxima Energía es irresistible ya que te sientes bien cuando la tienes y cuando alguien a tu alrededor la tiene.

La energía es contagiosa, no importa si es positiva o negativa. ¿Quieres comprobarlo de nuevo? No creas lo que te digo, pruébalo por ti mismo.

> Bien, recuerda una situación de tu vida en la que hayas estado con una persona negativa. Tal vez la persona te decía que todo va cuesta abajo o algo similar.
>
> ¿Has sentido cómo tu energía se volvía cada vez más negativa? Cuando no prestamos atención a nuestro propio nivel de energía, es fácil que los demás nos suban o nos bajen.

¿Pero te gustaría ser un yo-yo? Supongo que no. Y no necesitas serlo.

El pequeño control que acabas de realizar sobre la energía negativa, también lo podrías hacer sobre la energía positiva.

Solo recuerda una situación en la que hayas estado hablando con alguien y te hayas sentido mejor momento a momento.

Se sintió bien, ¿verdad?

Ahora podrías decir que no puedes elegir con quién estás todo el tiempo. Eso podría ser cierto. Pero podrías elegir cómo sentirte todo el tiempo.

¿Por qué? Porque tú decides seguir la energía de las otras personas o la energía que decides sentir.

Cuando decides mantenerte positivo, cariñoso y con Máxima Energía incluso mientras los demás hablan y actúan de forma negativa, ¿qué crees que pasará?

Tal vez nada, tal vez los otros se van ya que no podrían arrastrarte, o incluso mejor, cambian a la energía positiva también.

De hecho, no es la energía alta la que es contagiosa, es que toda energía es contagiosa. Acabas de descubrir que este es el caso haciendo la pequeña comprobación que he descrito anteriormente.

Espero que hayas hecho esta pequeña comprobación. Yo no pude hacerlo por ti.

Como ahora sabes que toda energía es contagiosa, ¿estarías más dispuesto a centrarte en tu propia energía y mantenerla positiva y elevada? ¿Sí? Eso es estupendo.

Puede que no sea fácil, pero es sencillo.

Recuerda que antes hablamos de la autoconciencia. Te ayuda a reconocer tus sentimientos y lo que ocurre a tu alrededor.

A partir de ahí decides de nuevo cómo te gusta sentirte. Sigue concentrándote en el sentimiento que te gusta sentir.

> Incluso podrías preguntarte "¿Podría sentirme aún mejor?". Puedes responder con un "Sí" o no responder. Averigua qué tiene más impacto en cómo te sientes, si responder o no a la pregunta.
>
> Sigue aumentando tu energía.
>
> Asimismo, utiliza tu autoconciencia para observar lo que ocurre a tu alrededor cuando sigues aumentando tu energía.
>
> En un momento dado podrías incluso preguntarte "¿Podría amar aún más?". Yo sé la respuesta a eso. Descúbrela por ti mismo.

Con este pequeño experimento has comprobado que la energía es contagiosa. También habrás oído a mucha gente sugerir que te rodees de gente positiva.

La idea es buena, pero no siempre es posible. No necesitas a otras personas positivas para sentirte mejor. Depende de tu propia decisión para sentirte mejor.

Sí, te ayuda estar entre gente positiva para salir del mal humor mucho más fácilmente. Sin embargo, no es que no puedas hacerlo tú mismo.

Los seres humanos tendemos a creer que alguien o algo nos ha provocado reacciones emocionales. Además, tendemos a creer que necesitamos a los demás para volver a alejarnos de esas reacciones emocionales.

Esto puede ser cierto o no. Tienes que investigar por ti mismo echando un vistazo a tu interior para ver si puedes haber sido la causa de tu experiencia.

Tornado de la Escala Emocional

Pero echemos un vistazo más de cerca a nuestras Emociones. Hay muchas teorías diferentes sobre las emociones.

Algunos dicen que hay siete emociones básicas otros incluso dicen que hay más de 30 emociones básicas.

Como la ciencia aún no lo tiene claro, ¿cómo podemos estar seguros? No podemos, pero podemos adoptar un enfoque muy sencillo, que nos bastará para la ilustración. Con la emoción positiva, tu energía sube, con la negativa baja.

La ilustración de la página siguiente muestra dos espirales. Una espiral es hacia arriba y otra hacia abajo.

Estas son las direcciones de tus emociones, hacia arriba o hacia abajo. Un tornado es una gran imagen de nuestras emociones, ya que son fuertes por fuera, pero hay quietud en medio del tornado.

Cuando investigas tus emociones descubres que incluso detrás de las emociones fuertes hay quietud. E incluso entre las emociones fuertes hay quietud.

Llamé al tornado positivo "Amor" y al negativo "Odio". Esto es para dejar claro que no puedes ser ambos al mismo tiempo. El amor no es una emoción desde mi punto de vista. El amor simplemente es. El Amor al que me refiero aquí es incondicional. Cualquier cosa diferente no es Amor.

El Amor incondicional es amar sin querer nada a cambio del amor que das. Sí, eso es radical, pero eso es lo que significa incondicional.

Echemos ahora un vistazo al Tornado de la Escala Emocional.

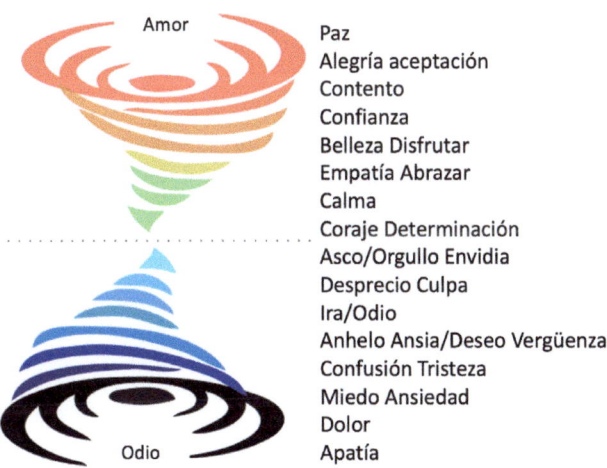

Amor

Paz
Alegría aceptación
Contento
Confianza
Belleza Disfrutar
Empatía Abrazar
Calma
Coraje Determinación
Asco/Orgullo Envidia
Desprecio Culpa
Ira/Odio
Anhelo Ansia/Deseo Vergüenza
Confusión Tristeza
Miedo Ansiedad
Dolor
Apatía

Odio

Por favor, no consideres la lista de emociones como completa, solo menciono algunas emociones para que te hagas una idea. Las emociones negativas, así como las positivas, están en una especie de escala. El Asco/Orgullo es una energía mucho más alta que la Apatía.

Por otro lado, la Paz y la Aceptación son mucho más energéticas que el Valor y la Determinación. Puedes examinar cualquier emoción y colocarla en la escala. Solo tienes que sentir la emoción y sabrás a qué lugar de la escala pertenece. Si necesitas alguna base científica, busca en Internet. Eso sí, no te confundas con toda la información que puedas encontrar. Ahora también tienes un poco más de información sobre tus emociones.

Tal vez la ilustración anterior te haya ayudado a entender mejor por qué la Máxima Energía es irresistible. ¿No crees que es hora de recapitular de nuevo? Sí, yo pienso lo mismo. Allá vamos:

- ▶ la Máxima Energía es irresistible porque es contagiosa.
- ▶ a todos nos gusta sentirnos bien, por lo tanto la Máxima Energía es irresistible.
- ▶ toda energía es contagiosa, no importa si es positiva o negativa.
- ▶ tú eres el único que decide cómo te sientes.
- ▶ puedes estar en Máxima Energía positiva aunque haya gente negativa a tu alrededor.
- ▶ No hay necesidad de ser un yo-yo a la energía de los demás, tú decides tu energía.
- ▶ Es fácil aumentar tu nivel de energía ya que solo depende de tu decisión.

Todo Es Energía

Debo advertirte, como ya habrás notado, que puedo simplificar las cosas para hacerlas más fáciles de entender. Siempre que sea posible te haré saber que la situación puede ser más compleja de lo que parece.

Sin embargo, si realmente miramos de cerca la vida, en realidad es muy simple. No obstante, parece muy complicada cuando se ven todas las partes y sus interconexiones.

Si se toma cualquier elemento de la vida, se descubre que en realidad es muy simple, si se profundiza lo suficiente.

De hecho, si se profundiza lo suficiente, todo es energía. Sí, una de las formas más pequeñas que conocemos es el átomo. Tal vez no si se profundiza aún más.

En cualquier caso, un átomo tiene un núcleo y una parte que gira alrededor del núcleo. Entre estas dos partes hay mucho espacio o nada.

Es bastante interesante. Vale, lo he descrito de forma muy sencilla, pero eso es lo que te he contado. La ciencia había descubierto hace décadas, que los átomos o partículas actúan de forma diferente en un experimento si hay un observador presente o no.

De lo anterior podríamos concluir que la energía influye en la energía. Y como los observadores habían sido humanos, eso implica que todos somos energía también.

Hasta aquí, todo bien. Pero supongo que esto ya lo sabías. Ahora bien, como todo es energía podrías imaginar que si envías energía negativa o baja, que solo esta energía baja o negativa podría volver a ti.

Si deseas que algo bueno ocurra en tu vida, tienes que enviar buena energía. Es así de simple. Sin embargo, no siempre es fácil. A continuación, un ejemplo de lo que quiero decir. Hace años estuve con un cliente. Compartía oficina con el contable. Teníamos una buena relación como compañeros de trabajo.

Yo era su supervisor, pero como ella hacía un gran trabajo no necesitaba supervisarla. De todos modos, una mañana cuando llegué de nuevo a la empresa (solo iba una vez al mes durante una semana más o menos), hablamos de cosas que habían pasado mientras yo no estaba presente en la oficina.

En un momento dado, empezó a quejarse de que tenía "este" problema con el sistema ERP y que nadie del departamento de TI había venido en las últimas cuatro semanas para solucionarlo.

Mientras me contaba su historia, yo le daba cariño a ella y al Departamento de TI. Al cabo de 5 minutos, uno de los informáticos entró en nuestra oficina y le dijo que tenía "este" problema con el software de la empresa y que lo arreglaría rápidamente ahora mismo.

La mirada de la mujer decía "¿Qué demonios está pasando aquí?". En ese momento se arregló su problema.. Si la palabra "Amor" no te convence, porque crees que no tiene nada que ver con los negocios, entonces sustitúyela por "enviar energía positiva". Ahora, ¿cómo lo he hecho? ¿Alguna idea? Es fácil. Realmente lo es. ¿No tienes idea?

Bien, déjame explicarte aunque tú también podrías hacerlo. Primero, tienes que relajarte. No funcionará si intentas forzarlo. ¿Podrías relajarte un poco más? Vale, bien. A continuación, crea una sensación agradable en cualquier lugar dentro de ti. Por ejemplo una sensación de calor en tu estómago o así.

Expande esta sensación hasta que llene más tu cuerpo. Ahora envíalo más allá de tu cuerpo. No hay necesidad de enfocar la energía en una persona específica. Puedes hacerlo. Pero no es necesario.

Sigue enviando esta agradable sensación de calor. Sé testigo de lo que ocurre. Tal vez no sientas nada. ¿Podría estar bien para ti? Tal vez ocurra algo que no esperabas. O lo que querías que ocurriera. Sea lo que sea que haya sucedido o que no haya sucedido, ¿qué experimentas? Supongo que te sientes mejor.

Ya ves, incluso con tan poco ejercicio has sido capaz de cambiar tu nivel de energía.

Todo Es Energía

¿Necesitaste pensar mucho para cambiar tu nivel de energía? ¿Necesitas forzarlo? De ninguna manera. Lo decidiste y lo hiciste. No es necesario pensar.

Aunque no haya pasado nada por enviar la energía positiva, te sientes mejor al hacerlo. Eso es una ganancia tremenda.

¿Te has sentido agotado al enviar energía positiva y buena? ¿No? Vaya. ¿No es increíble? Si envías buenas vibraciones, no te sientes agotado. Otra gran ganancia, ¿no crees?

Por otro lado, la experiencia anterior podría decirte algo sobre tu verdadera naturaleza. Es posible que no te quedes sin energía. Si lo haces, es porque te dices a ti mismo que es así.

Basta con que envíes más energía buena y positiva. ¿Qué experimentas? ¿Te sientes mejor de nuevo? ¿Con qué frecuencia podrías hacer este sencillo ejercicio? Podrías hacerlo todo el tiempo cuando te decidas a hacerlo y lo hagas.

Como todo es energía, todo y todos estamos interconectados. No lo vemos claro todo el tiempo.

Lo que dices es energía. Lo que piensas es energía. Lo que sientes es energía. Lo que haces es energía. Lo que comes y bebes es energía. Lo que usas es energía.

¿Me he olvidado de algo? De todos modos, aunque haya olvidado algo, has captado la idea. Incluso tus expectativas son energía, porque tus expectativas SON simplemente pensamientos y/o sentimientos.

Como todo es energía, incluso tus sentimientos son energía y tienen un impacto en tu vida. Y no solo en tu vida. En la vida de todos. No solo de tu familia y amigos.

Tus sentimientos tienen un impacto en ti y en todos.

Veamos esto. ¿Alguna vez has sentido un fuerte sentimiento negativo de la nada? Puede que te preguntes por qué demonios me siento así. Puede que tu día haya empezado de maravilla.

Más tarde, durante el día, puede que veas las noticias y reconozcas que algo realmente malo ha ocurrido en otra parte del mundo, y mucha gente se ha sentido triste o conmocionada.

En caso de que no hayas tenido esa experiencia, no te preocupes. Aquí tienes otra forma de comprobarlo: Tenías un sentimiento de amor muy bueno hacia una persona concreta y quizá pensabas llamar a esta persona al día siguiente. De repente, esta persona te llama.

No puedo decir cuántas veces me ha pasado eso. O algo parecido. Al parecer, los seres humanos aún no hemos comprendido del todo lo conectados que estamos entre nosotros, así como con el mundo y todo lo que hay en él.

Si lo hubiéramos entendido, no nos haríamos daño ni trataríamos de engañarnos y traicionarnos. Pero esa es otra historia.

Nuevamente, todo es energía. Incluso tu cuerpo es energía. Y es posible medirla. Hace años compré un aparato que podía mostrar la tensión eléctrica de mi cuerpo.

Es muy interesante. Cuando siento miedo la energía sube, pero es una energía negativa, aunque sea fuerte.

Cuando siento más amor la tensión eléctrica vuelve a subir, pero esta vez se siente mucho mejor y es positiva.

No es necesario comprar este aparato. Yo lo compré por interés, pero era muy caro. Hoy en día se pueden conseguir estos aparatos mucho más baratos, más pequeños y mejor diseñados.

Con suerte, ahora puedes entender más claramente que todo es energía. Puede que no sea nuevo para ti escuchar esto. Solemos olvidarlo cuando nuestra vida no va como queremos.

¿Por qué no aumentar tu nivel de energía si las cosas no van como quieres? Es mucho más fácil que intentar forzar que las cosas cambien.

Recapitulemos:

► Lo que te rodea es energía.
► Lo que eres es energía, lo que incluye también tu cuerpo.
► Cada energía tiene un impacto en tu vida.
► Tu energía tiene un impacto en todos y todo en el mundo también.
► Lo que dices es energía. Lo que piensas es energía. Lo que sientes es energía. Lo que haces es energía. Lo que comes y bebes es energía. Todo lo que usas es energía.
► Incluso tus pensamientos y sentimientos son energía.

Cómo Entrar En La Energía Superior En 4 Sencillos Pasos

Como ya se ha dicho, todo depende de tu decisión. Probablemente hayas escuchado el dicho "La vida es una decisión". De hecho, estás tomando miles de decisiones cada día sin darte cuenta de la mayoría de ellas. En este capítulo veremos los pasos que puedes dar para elevarte. El método descrito aquí no pretende ser la única manera de hacerlo. Es lo que he encontrado como la forma más sencilla para mí.

Espero que a ti también te resulte sencillo y fácil. En el capítulo anterior, habíamos utilizado un enfoque diferente, que es tan poderoso como el que estás a punto de leer. Solo se necesitan cuatro pasos para llegar a la energía superior y ninguno implica el pensamiento o la fuerza de voluntad.

Los Pasos

1. Toma conciencia de cómo te sientes
2. Decide estar bien con lo que sientes
3. Decide cómo te gusta sentirte
4. Sentir lo que te gusta sentir

Como ya conocemos los pasos, vamos a explorarlos en un nivel más profundo.

1. Toma conciencia de cómo te sientes

Es importante reconocer cómo te sientes. Es el primer paso para aceptar cómo te sientes. Al reconocer cómo te sientes, incluso si es un mal sentimiento, es menos probable que reprimas el sentimiento.

Suprimir tus sentimientos sería lo contrario de lo que estamos haciendo aquí. Ser consciente de tus sentimientos significa empezar a aceptarlos, por muy horribles que sean en el momento de sentirlos.

2. Decide estar bien con lo que sientes

Estar bien con lo que sientes es una aceptación total, lo que significa que no quieres aferrarte a lo que sientes ni quieres cambiar lo que sientes por más tiempo.

Es como decir "Sí" al sentimiento. Lo cual también es útil. Incluso puedes preguntarte: "¿Podría estar bien con el sentimiento que tengo ahora mismo?" y responder con un "Sí". Podrías hacerlo hasta que te sientas más a gusto y bien con el sentimiento.

Tal vez la sensación desaparezca totalmente si sigues con este proceso. Juega con la pregunta así como con la respuesta o la no respuesta.

¿Qué significa esto? Pues que te preguntes: "¿Podría estar bien con la sensación que tengo ahora mismo?" y no respondas a la pregunta.

Tendemos a dar respuestas a las preguntas, pero ¿quién ha dicho que es necesario responder a las preguntas que nos hacemos por dentro? No lo sé. Pero es sorprendente lo que ocurre cuando no respondes a la pregunta. Pruébalo por ti mismo. Por cierto, puede que no sea educado en una conversación real no responder a una pregunta. Pero eso depende totalmente de ti.

3. Decide cómo te gusta sentirte

Este es un paso importante. Ni siquiera con tus sentimientos llegarás a ninguna parte si no decides hacia dónde ir. Este paso consiste en decidir cómo te sientes, tranquilo, feliz, alegre, pacífico, poderoso, amoroso, o lo que sea que te guste sentir. Todo depende de ti. Nadie más puede decirte cómo sentirte.

Tú decides claramente hacia dónde ir con tus sentimientos. Recuerda que no se trata de reprimir los sentimientos que no te gustan. Acepta primero el sentimiento que tienes y luego decide cómo te gusta sentir.

4. Siente lo que te gusta sentir

Con este paso te adentras en el sentimiento que te gusta tener. Pero presta atención a no intentar forzar el sentimiento.

Por ejemplo, decides estar tranquilo y te permites sentirlo. No es necesario forzar la sensación de calma. No es necesario forzar la sensación de calma. Es crucial que permitas que el sentimiento surja mientras te concentras en él. Al principio, puede que te cueste un poco de práctica sentirte como quieres. Pero con el tiempo será cada vez más fácil.

Aquí tienes un pequeño truco que puedes utilizar. Centrémonos en querer sentirnos tranquilos. Mientras te concentras en sentirte tranquilo, di la palabra en tu mente. Repítelo tantas veces como quieras, pero no te excedas. Unas pocas veces bastarán. Y no es algo que se haga con prisas.

Es fácil, ¿verdad? Acuérdate de que normalmente no es necesario "pensar" en la sensación que quieres sentir. Aquí usamos el pensamiento como un truco para estar concentrados. Cuanto más practiques, menos necesitarás pensar.

Ahora supongo que los cuatro pasos son fáciles de recordar y de aplicar. Pero no te funcionarán si no los practicas por ti mismo.

Sin embargo, es una buena idea recordártelos o ponerte un recordatorio. Todos tendemos a olvidarnos de las cosas buenas en cuanto ocurre una pequeña cosa mala.

Nos recuerda todas esas cosas que salieron mal. Pero normalmente también hay muchas cosas que salieron bien. ¿Por qué no empezar a centrarse en las buenas más a menudo?

Es tu decisión.

Si los cuatro pasos son incluso demasiado para recordar para ti, aquí tienes una forma aún más rápida. Solo haz el paso 4. Correcto, solo haz este último paso. Siente lo que te gusta sentir.Increase that feeling again and again. Simple? Yet, you have to do it again and again.

Aumenta esa sensación una y otra vez. ¿Simple? Sin embargo, tienes que hacerlo una y otra vez. Nadie más podría hacerlo por ti. Y supongo que es tan fácil, que incluso podrías tener la sensación que te gusta incluso mientras haces otras cosas.

De acuerdo, lo sé, requiere algo de práctica. Podrías hacerlo. Solo sigue adelante.

Otra cosa curiosa es, que cuando nos sentimos bien y las cosas van como queremos, dejamos de hacer las cosas que nos ayudaron a llegar a este punto.

Así que sé consciente, para seguir avanzando aunque las cosas evolucionen de la manera que deseas. Sigue aumentando tu nivel de energía.

No Se Trata De Motivación, Sino De Levantar Tu Energía

La motivación es una forma que podrías aplicar para levantar tu estado de ánimo. Pero a veces se necesita mucha energía para motivarse.

También la motivación es algo que haces con y en tu mente. La motivación, desde mi punto de vista, también implica mucha fuerza de voluntad. Sin embargo, en la mente también están todos esos pensamientos que te hunden.

De ahí que se necesite tanta energía para reprogramar tu mente. Tienes que poner más energía positiva en ella, que la cantidad de energía negativa que ya está ahí.

Aumentando tu energía te elevarás de todos modos. No hay pensamientos necesarios para aumentar tu energía.

Tampoco se necesita fuerza de voluntad. Se necesita tu decisión, eso es todo. Y no necesitas forzar buenos pensamientos o buenos sentimientos en tu mente. Simplemente permite que la energía surja dentro de ti.

Nuevamente un pequeño ejercicio:

¿Cómo permites que surja la energía dentro de ti? Bien, vamos con la alegría como el sentimiento para este ejercicio que vas a aumentar.

Ahora invita a la alegría a ascender dentro de ti, simplemente concentrándote en tu interior e invitando a la alegría a subir. No intentes sentir la alegría, solo invítala y observa.

Si te esfuerzas demasiado, estás forzando la alegría para que surja. Eso no funciona.

Sigue observando. ¿No ocurre nada? Sí. No hay problema.

Haz lo siguiente. Pregúntate "¿Podría sentir más alegría?" y responde a la pregunta con un "Sí". Pregúntate de nuevo.

Pregúntate de nuevo. Y otra vez. Y otra vez. ¿Qué experimentas? Supongo que sientes un poco más de alegría que antes de preguntarte si podías sentir más alegría.

Es interesante que solo con preguntar, puedas hacer aflorar buenos sentimientos. Puede que solo sientas un poco de alegría, pero eso demuestra que funciona.

Para aumentar el nivel de alegría que sientes, sigue con el ejercicio anterior.

Volvamos a la motivación. La motivación no es algo malo. Sin embargo, se le da demasiada importancia.

Todo el mundo te dice que sigas motivándote, y que es importante. Pero la pregunta también es, ¿estás tratando de superar la energía negativa aumentando tu motivación?

Si la respuesta es sí, entonces cuánta energía necesitará para hacer que ocurra algo positivo.

Honestamente, se necesita mucha energía positiva para sobrepasar la energía negativa con la que todos corremos. Pero ese no es un problema que se ataca.

A pesar de lo mucho que te motives, la energía negativa dentro de ti seguirá estando ahí. En un momento de tu vida, se mostrará de nuevo. En lugar de dedicar tanta energía a motivarte, ¿por qué no te amas a ti mismo?

¿No te gusta quererte a ti mismo? Si no es así, ¿por qué intentas motivarte? Para mí no tiene sentido. Cuando te motivas para hacer algo entonces la pregunta es si te estás motivando porque hay algo negativo en tu vida que quieres cambiar.

Pero te saboteas a ti mismo manteniendo tus sentimientos en la negatividad todo el tiempo que te motivas. Subconscientemente puedes incluso temer que lo que estás haciendo no funcione o que vuelvas a perderlo todo, cuando hayas conseguido el cambio que querías.

Por supuesto, hay muchas personas que utilizaron la motivación para lograr sus objetivos con éxito. Sobre todo, pusieron mucha energía en lo que hicieron.

El hecho de que todo el mundo te diga que tienes que motivarte o que tienes que trabajar duro para conseguir tus objetivos no significa que sea la única manera de conseguir algo.

Sí, mucha gente ha demostrado que el trabajo duro permite alcanzar tus objetivos. Por otro lado, hay personas que trabajaron de forma inteligente y también lograron sus objetivos. ¿Qué tipo de persona eres? ¿El trabajador duro o el genio inteligente?

Ambos son buenos, no importa qué tipo de persona seas. No se trata de "esto o aquello", sino de "esto y aquello". Utiliza todo para lo mejor de ti mismo y de todos.

No podía creerlo, pero se me olvidó definir claramente la "Motivación" contigo. Bien, lo siento por eso. Como se me ocurrió ahora mismo, vamos a definir lo que es realmente la "motivación". ¿Estás de acuerdo?

La motivación es querer cambiar algo. Puede ser todo aquello con lo que no estás satisfecho ahora mismo. Puede ser tu forma física, tus ingresos o tu situación vital. Incluso las relaciones.

Ya tienes la idea. Según lo anterior, la motivación parece algo bueno, ya que incluye la persistencia y la fuerza de voluntad para hacer algo sobre lo que no está satisfecho.

Pero hay mucha negatividad detrás, ¿lo ves? Si no es así, aquí tienes una pista. Cuando no estás satisfecho con algo, ¿te sientes bien con ello? Supongo que no.

Sientes que "necesitas" algo mejor o al menos diferente. En otras palabras, cree que le falta algo. Y quieres desesperadamente tener esa cosa que te falta. Aun así, te "motivas" a hacer algo para librarte de ese sentimiento perturbador de que te falta algo o quieres algo diferente.

Ese sentimiento perturbador es negativo. Te sientes mal por algo tal y como es en este momento. Gran motivación desde mi punto de vista - para ser un poco irónico aquí.

Así que te motivas siendo negativo y te obligas a ser positivo y a hacer algo con la negatividad. Intentas sacar algo positivo de ser negativo.

Parece un gran esfuerzo. Y lo es, ¿verdad? ¿Has probado alguna vez algo diferente? Imagina que estás bien con lo que te rodea, con lo que tienes, con lo que eres. Podría ser como pensar: "Oh, sería bueno ser/tener/hacer...".

¿Te parece más positivo? No me malinterpretes, no se trata de evitar querer algo. Eso está bien.

Resulta que se trata de ir a por un cambio desde una actitud mucho más positiva y abierta. Cuando eres más abierto y positivo hará que el hacer sea mucho más fácil y sin esfuerzo.

Incluso si tienes que hacer las cosas regularmente para ver el progreso. Se podría decir que también es motivación. Bien, para mí se trata más de tener un propósito.

Tener un propósito significa que tienes tus objetivos delante de tus ojos, pero no fuerzas nada para que ocurra o te obligas a cambiar algo.

Sí, haces lo que es necesario sin dejar de ser abierto y positivo. Ser resuelto no significa evitar la acción.

Esta es otra forma de decir lo que me gusta. La motivación a veces, o la mayoría de las veces, se siente como una presión. Solo hay que ver todas las cosas que se te ocurren que necesitas/quieres cambiar.

Quieres cambiar tus pensamientos, tus sentimientos, tu comportamiento, tu entorno, tus relaciones o incluso tu expresión personal. Parece que hay mucho por lo que motivarse.

No necesitas motivarte cuando te sientes bien. ¿Lo necesitas? Por supuesto que no. Ya estás ardiendo por las cosas que te gustan hacer. Esa es la diferencia de estar en Máxima Energía. Tu motivación es natural en Máxima Energía y no basada en la negatividad como la mayoría de las veces.

Ahora mismo, ¿podrías permitirte sentirte bien? Decide que podrías. ¿Y podrías sentirte aún mejor? ¿Y más? ¿Y aún más? ¿Qué experimentas ahora? ¿Te sientes más ligero? ¿Te sientes con más energía? ¿Te sientes más interesado en pasar a la acción ahora?

¿Necesitas motivarte para sentirte bien? No, no lo has hecho. Simplemente decides y te permites sentirte bien.

De este modo, no necesitas ninguna motivación. Decides sentirte bien y te sentirás bien si sigues decidiendo hasta que te sientas bien. Y luego sigues decidiendo sentirte bien.

Parece sencillo. Sin embargo, no es fácil todo el tiempo. Sé persistente con tu decisión, pero recuerda que no debes forzar nada.

Para recapitular:

- ► estar en Máxima Energía no tiene nada que ver con la motivación.
- ► estar en Máxima Energía es una decisión.
- ► estar en Máxima Energía hace que sea más fácil y sin esfuerzo hacer las cosas que quieres o tienes que hacer.
- ► estar en Máxima Energía simplemente se siente muy bien.

El Secreto Del Autoconocimiento

Quiero empezar con una pregunta. ¿Realmente crees que hay un secreto sobre el autoconocimiento? Para ser honesto, desde mi punto de vista no hay ningún secreto.

Tienes autoconciencia todo el tiempo. Puede que no le prestes atención. En primer lugar, tenemos que definir lo que es la autoconciencia.

Autoconciencia significa que eres consciente de tus sentimientos, tus pensamientos, tu comportamiento, el mundo y otras personas y vidas. También incluye nuestra reacción a nuestros pensamientos, sentimientos y comportamiento.

Nada tiene que ver con mejorar tu comportamiento o cambiar tus sentimientos. Pero es el primer paso para empezar. Por lo general, tendemos a utilizar nuestra autoconciencia para encajar en el mundo. Para ser aceptados.

La autoconciencia puede sonar un poco mágica, esotérica o incluso complicada.

No es el caso, como ya has leído más arriba. Es una capacidad natural que todos tenemos. Y puede que incluso los animales la tengan. ¿Quién sabe?

¿No es interesante lo que los humanos estamos dispuestos a hacer para ser aceptados por los demás? Sin embargo, esto es innecesario. Si te gusta sentirte bien, no esperes a que alguien te dé amor y afecto. Puedes darte amor y afecto a ti mismo.

Sí, es muy agradable recibir amor de los demás. Sin embargo, no es necesario que te entregues a ti mismo para ello. Cuanto más te ames a ti mismo, más amor te darán los demás también.

Volviendo a la autoconciencia. Mi propia experiencia me mostró que la autoconciencia va mucho más allá de los sentidos del cuerpo. Y eso no tiene nada que ver con tomar drogas. Y no es necesario que tengas experiencias más allá del cuerpo para sentirte bien o mantenerte con Máxima Energía.

Puedes usar tu Autoconciencia para entrar en una Energía más elevada. Utilizando los cuatro pasos descritos en este libro, ya utilizas tu Autoconciencia.

Al estar presente en tus sentimientos momentáneos, eres consciente de ti mismo. Luego estás en una posición que puedes usar para decidir si quieres quedarte con el sentimiento que tienes o si quieres cambiarlo.

Por lo tanto, siempre es tu decisión cómo te sientes y cómo reaccionas.

La autoconciencia te ayuda a reconocer el poder de tu decisión.

El único secreto que puede haber sobre la autoconciencia es utilizarla para hacerse las preguntas correctas a uno mismo y sobre uno mismo. Pasar de la autoconciencia a la autoindagación.

Existe una cosa sobre la autoconciencia que no se reconoce la mayoría de las veces. La autoconciencia es subjetiva. No puedes ser consciente de ti mismo de una manera objetiva, excepto si eres capaz de no pensar en ti y sobre ti cuando eres consciente de ti mismo.

La sensación o visión que tienes de ti mismo siempre incluirá pensamientos y sentimientos. Incluso podemos desaprobarnos a nosotros mismos. Con frecuencia nos preguntamos "¿Por qué es/tiene...?". Este tipo de pregunta te llevará al abismo de la mente.

Son más útiles las preguntas que empiezan con "Qué", "Cómo" o "Quién". Esta última no debería utilizarse para buscar a alguien a quien culpar. Porque cuando se trata de nuestra vida, la culpa es de cada uno de nosotros, no de otra persona.

La autoconciencia también podría traducirse en estar en el momento y reconocer lo que sucede dentro y fuera de ti sin juzgarlo. Sentir, oír, ver, etc.

Algunos dirán que eso es más bien Mindfulness. Bueno, los humanos tendemos a describir la misma cosa con muchas palabras y metodologías diferentes. Ninguna de ellas es buena o mala, correcta o incorrecta.

Podríamos estar de acuerdo en estar en el momento presente con nuestra conciencia sin ningún juicio. Eso es para mí la autoconciencia, así como el Mindfulness. Es simple, sin embargo, todos tendemos a hacerlo más complicado de lo que es.

Realicemos un ejercicio ahora mismo. Inhala profundamente. Muy profundamente, empieza desde el fondo de tu vientre hasta tu pecho. Relájate mientras inhalas.

Exhala lentamente. Sigue respirando profundamente en un flujo natural. ¿Qué reconoces? ¿Hay menos pensamientos? ¿Te sientes más tranquilo? ¿Reconoces más de lo que ocurre dentro y fuera de ti?

Si tus respuestas han sido "Sí" a las preguntas anteriores, maravilloso. Ahora has experimentado lo que es ser más consciente. Si tu respuesta fue "No", inténtalo de nuevo. Respira profundamente y relájate.

No hay que tener miedo a este ejercicio. Relájate. No puede pasarte nada. Respirar profundamente es más saludable, ya que hace que entre más oxígeno en el cuerpo.

Aunque tu respuesta a las preguntas anteriores siga siendo "No", eres consciente. Comprueba si hay algún sentimiento. Cualquier deseo de tener una determinada experiencia, cualquier expectativa.

La autoconciencia no tiene nada que ver con las expectativas o los deseos. Simplemente la tienes. En el momento en que reconoces un pensamiento, una reacción habitual o algo similar, eres consciente de ti mismo.

Es fácil y sencillo. No se necesita ningún tiempo para ser consciente. Lo eres, pero puede que tengas que llamar tu atención sobre ello.

Oh, existe algo que necesitas saber sobre la Autoconciencia, que puede ser un poco incómodo, pero ya lo he mencionado indirectamente. Cuanto más te hagas consciente de tu Ser, más podrías notar los pensamientos y sentimientos negativos.

Reconocer más pensamientos y sentimientos negativos podría ser perturbador, irritante o incluso abrumador.

No te preocupes. Los sentimientos y los pensamientos son solo energía. Relájate en ellos y deja que pasen. No te aferrarías a una nube en el cielo, ¿verdad?

Dale a tus sentimientos y pensamientos la misma libertad que le das a una nube. Deja que fluyan a través de ti. Si te mantienes relajado, incluso cuando un pensamiento o sentimiento es abrumador, pasará.

Cuando sientas que te tensas cuando surge un sentimiento o un pensamiento fuerte, recuerda que debes relajarte. Incluso puede ser útil decir "Sí" al sentimiento.

En el momento en que notas el sentimiento o el pensamiento, eres consciente. Eso significa que eres más consciente de lo que crees. Naturalmente, puede haber momentos en los que vuelvas al momento presente y reconozcas que has estado inconsciente durante cierto tiempo.

No te desapruebes por ello, simplemente ha ocurrido. Alégrate de ser consciente de nuevo. Para aumentar tu autoconciencia, puedes hacerte las siguientes preguntas. Se trata de una lista que no pretende ser completa, estas preguntas son un ejemplo. Juega con ellas y añade las tuyas propias:

► ¿Soy consciente?
► ¿Soy afectuoso?
► ¿Qué estoy experimentando en este momento?
► ¿Qué huelo, saboreo, oigo, siento?
► ¿Estoy en paz?
► ¿Estoy relajado?

Aunque sean preguntas y tengas la tentación de responderlas, no respondas a las preguntas. Deja que se respondan solas.

Concéntrate en tu experiencia en lugar de centrarte en el proceso mental de responder a las preguntas. ¿Qué más podrías hacer para aumentar tu autoconciencia? Lo más importante es que tengas un breve momento, una y otra vez, en el que te concentres en lo que ocurre dentro y fuera de ti.

Asimismo, puedes utilizar meditaciones para aumentar tu autoconciencia. Una buena idea es también dar un paseo y permitirte reconocer todo sin pensar en ello.

Esto último requiere algo de práctica, como verás. La mente a menudo entra y te dice exactamente lo que ves y oyes y también algunas suposiciones que calcula a partir de las cosas que acaba de comentar.

No le prestes atención. Céntrate en tu experiencia y deja que todo lo demás fluya a través de ti. Ahora bien, ¿sigues creyendo que hay un secreto sobre la Autoconciencia? ¿O algo nuevo al respecto?

Cualquiera que haya sido tu respuesta, permite que desaparezca y date la libertad de experimentar la Autoconciencia una y otra vez.

No hay necesidad de aferrarse a las experiencias que has tenido hasta ahora. Debes estar abierto a nuevas experiencias, a nuevos niveles de autoconciencia.

Además, la Autoconciencia tiene que ver con el reconocimiento de cómo nos ven los demás. Como todos tratamos de encajar, esta parte puede requerir mucha energía.

Sin embargo, tenemos miedo de detenernos para complacer a todos los demás.

Dejar de complacer a los demás para encajar no significa convertirse en una persona grosera y/o ignorante.

Tiene más que ver con la conciencia de que ya tienes la buena energía dentro de ti, por lo que no necesitas forzar a los demás a darte algo que crees que necesitas.

Recuerda que este libro trata de sentirse bien, de mantenerse en una energía superior. La autoconciencia podría ayudarte a ver que quieres que los demás te eleven. Eso no va a funcionar ya que todo el mundo está haciendo lo mismo.

Todo el mundo busca ser elevado por ti. En este caso, empieza a elevarte a ti mismo primero. Después, decide hacer todo lo posible para ayudar a los demás a elevarse.

Cuanto más elevada sea tu energía, más te ayudarás a ti mismo y a los demás. Compruébalo por ti mismo. Haz el trabajo y descubre lo que ocurre.

Hasta aquí todo bien. Recapitulemos de nuevo:

► No hay ningún secreto sobre la autoconciencia.

► Eres consciente de ti mismo todo el tiempo, aunque no te concentres en ello.

► La autoconciencia tiene que ver con cómo te ves a ti mismo, con cómo te ven los demás y con ser consciente de cómo te sientes, actúas y piensas.

► La autoconciencia también tiene que ver con estar presente en lo que está sucediendo, por lo que podrías interactuar más positivamente. Especialmente cuando surgen hábitos automáticos.

► Es fácil desarrollar y centrarse en tu autoconciencia, solo hace falta tu decisión. Una respiración profunda también puede ayudar.

► No hay nada que tengas que hacer activamente para ser consciente de ti mismo. Ser autoconsciente es mucho más pasivo, pero puedes ser muy activo cuando eres plenamente consciente.

► Sumergirte en la Autoconciencia puede hacer aflorar fuertes sentimientos. Buenos y malos. Permanece relajado y fluyen a través de ti.

► La Autoconciencia te ayuda a recordar que debes mantenerte con Máxima Energía.

Cómo Funciona El Medio Ambiente Y Por Qué No Importa

Nuestro entorno, en términos de las personas que nos rodean, tiene un impacto en nosotros. Esto se debe a que estamos mucho más interconectados de lo que creemos y a que necesitamos los contactos sociales como humanos.

En el último capítulo hicimos un experimento para comprobarlo.

Nos gusta, por un lado, estar con otras personas y, por otro, no. Depende de las experiencias que hayamos hecho en nuestras interacciones con los demás. Aun así, no podemos alejarnos totalmente de otras personas.

Por lo tanto, tenemos que encontrar la manera de tratar con otras personas, aunque nos provoquen sentimientos intensos.

Si echas un vistazo a cómo reaccionamos los humanos ante las cosas buenas, reconocerás que muchas personas son bastante negativas ante las cosas buenas que ocurren en su vida. Eso podría ser incluso cierto si su energía es cada vez más alta.

Algunas personas utilizarán sus mejores esfuerzos para derribarte. Sin embargo, no es porque no les guste que estés en Máxima Energía y te sientas bien, sino porque ellos mismos no la tienen. Es un hábito subconsciente que todos tenemos hasta cierto punto.

Pero no me creas, compruébalo tú mismo. Lo puedes comprobar observando cómo reaccionan los demás hacia ti cuando tienes mucha energía y te sientes bien.

A la mayoría de la gente le puede gustar, pero unas pocas personas a las que no les gusta, podrían ser suficientes para hundirte. Particularmente si estas personas son parte de tu familia. Los miembros de nuestra familia son los que más nos pueden disparar.

Y no puedes dejar a tu familia atrás tan fácilmente. E incluso no es necesario. Esto se debe a que tu familia no es responsable de cómo te sientes. ¡Lo eres tú!

Tu familia, tus amigos, tus compañeros de trabajo o cualquier otra persona puede desencadenar en ti malos sentimientos, pero aun así, eres tú quien los siente, por lo tanto, tú eres el responsable de tus sentimientos.

Si investigas el tema, descubrirás que no importa lo que los demás te digan o hagan. Solo importa lo que tú sientas al respecto. Y eso, por supuesto, es tu decisión.

De nuevo, no se trata de reprimir tus sentimientos negativos. Permíteles ser como son y concéntrate en los sentimientos que quieres. Siente paz, siente alegría o lo que quieras. Es tu decisión. Ahora, ¿cuál es el papel de nuestro entorno? Bueno, lo diré así, el papel de nuestro entorno es señalarnos a nosotros mismos.

Aquí el entorno significa todo y todos los que te rodean, incluso el mundo entero en algún momento.

Señalarnos a nosotros mismos significa reconocer nuestra reacción interna a lo que ocurre en nuestro entorno y en el mundo. Sencillo, ¿verdad? Sin embargo, mantenerse con una energía elevada y positiva es una tarea sencilla, pero no siempre es fácil. Requiere práctica.

También es cierto que es más fácil mantenerse positivo cuando se está entre personas positivas. Por otro lado, no puedes elegir todo el tiempo con quién estás. Ocurrirá que hay personas negativas a tu alrededor.

Como se dice de nuestras familias. No puedes deshacerte de ellos y no necesitas hacerlo. Tu familia reconocerá cuando te mantengas con Máxima Energía más a menudo. Además, disfrutarás de tu familia de todos modos, sin importar si son negativos o positivos.

Todos tendemos a dejar que la energía general de una situación nos influya. Pero no tiene por qué ser así. He aquí un ejemplo. Imagina que estás entre mucha gente disfrutando de un evento musical.

Incluso si te unieras al evento un poco más tarde que la mayoría de la gente, sentirías inmediatamente el buen ambiente del evento.

En cambio, cuando te unes a un grupo de personas que están enfadadas entre sí y se pelean verbalmente, puedes tener una experiencia diferente.

Puede ser que participes en la pelea por la energía que sientes aunque hayas estado de buen humor antes de unirte a la discusión/argumento.

He aquí una pequeña historia de cómo llegué a ver lo anterior en nuestro mundo. Viajaba a una gran ciudad en la que nunca había estado. El primer día paseé por la zona cercana a mi hotel.

Por suerte, reservé un hotel cerca del centro de la ciudad. Mientras paseaba, compré algunas entradas para visitas turísticas. Al día siguiente empecé con estas visitas. El último de los recorridos turísticos había sido a última hora de la tarde, unos días después. Cerca del final de la excursión, el autobús circulaba por una pequeña carretera muy lentamente. De repente me sentí muy mal y negativo.

Desde todas partes sentía que me bombardeaban con sentimientos negativos. Unos 15 minutos después, el recorrido terminó cerca de una plaza en el centro de la ciudad. Por poco me caigo del autobús ya que me sentía como si estuviera borracho. Sin embargo, solo llevaba agua.

Aun así, sentía toda esa negatividad. Afortunadamente, había una pista de patinaje en medio de la plaza del centro de la ciudad. Fui hasta allí y disfruté viendo a la gente patinar. En un par de minutos, me sentí mucho mejor y los malos sentimientos desaparecieron.

Y me sentí positivo durante el resto del día. Desde entonces no me ha vuelto a pasar algo similar. ¿Por qué? Porque decidí permitir que toda la energía fluyera a través de mí en lugar de aferrarme a ella. Además, decidí ser positiva y cariñosa.

El papel del medio ambiente no es solo negativo. A veces es positivo y a veces es negativo. Pero nunca ambos al mismo tiempo. Sin embargo, siempre es nuestra elección si seguimos la energía de la manada, es decir, la energía de la mayoría de la gente.

No importa cuántas personas te rodeen, estar en una energía positiva elevada es tu decisión. Es posible que tengas que tomar esa decisión varias veces, una y otra vez.

De todos modos, aunque me repita una y otra vez. Tu entorno no determina tu nivel de energía ni cómo te sientes.

Tu entorno influye en cómo te sientes, pero eres tú quien decide cómo sentirte. Sí, esta decisión puede tomarse inconscientemente. Y normalmente se toma bastante rápido para ti. Eso no significa que tengas que seguir funcionando en automático. Puedes sobrescribir tus decisiones subconscientes en cualquier momento.

Todos y todo lo que te rodea tiene un impacto en ti. Eso es un hecho. Puedes comprobarlo sintiendo la energía de la situación o de tus circunstancias de vida.

Sí, puedes sentir la energía, ya que tú eres energía. De nuevo, todo lo que te rodea tiene un impacto en tu energía. Sin embargo, tu energía es la que tiene el mayor impacto en ti y en tu entorno.

Es tu energía, tus sentimientos, lo que más impacto tiene en tu vida. Si alguien o algo te hace sentir mal, es que tú has decidido sentirte mal.

No hay nada malo en ello, excepto cuando empiezas a culpar a los demás de tus sentimientos negativos. Nadie puede hacerte sentir mal, excepto tú.

Sé que esto es difícil. Pero un día puedes verlo por ti mismo y asumir la responsabilidad de tus sentimientos. Los buenos y los malos.

Además, los buenos sentimientos que experimentas no te los da nadie. Los tienes dentro de ti. Así que por qué no utilizar tu capacidad natural y decidir sentirte bien todo el tiempo.

Aunque tengas que tomar esta decisión un millón de veces. ¿A quién le importa? Eres TÚ quien se preocupa. A ti te debería importar cómo te sientes. Supongo que haces lo que sea necesario para mantener tu cuerpo sano y en forma. Eso significa comer algo y mantenerlo limpio.

¿Estoy en lo cierto? Creo que sí. Ahora bien, ¿por qué no pones tanto empeño en sentirte bien como en tu cuerpo? Al final es tu decisión. Aunque puedes seguir adelante y permitir que todo el mundo te tire hacia abajo o decides levantarte a ti mismo.

Al levantarte a ti mismo, levantas a todos los que te rodean y quizás a más personas de las que podrías imaginar.

Estés donde estés en el mundo, bajo qué circunstancias, situaciones o en qué país estés viviendo, solo depende de ti elevar tu energía. Nunca esperes a que nadie lo haga por ti. Nadie puede elevar tu energía excepto tú.

Sí, otros pueden ayudarte dándote un empujón, pero eso solo puede ser un punto de partida.

Es bonito que los demás hagan algo por ti. Lo sé, realmente lo es.

Agradécelo tanto como puedas. Si profundizas lo suficiente, descubrirás que hay cosas dentro de ti que nadie más podría cambiar, excepto tú.

No tengas miedo. Todas estas cosas son solo recuerdos en forma de energía. Y tú eres la energía más elevada de todas. ¿Por qué no usarla para el bien de ti mismo y de todos los demás? ¿Te parece bien? Genial.

Hagamos algo juntos ahora mismo. Aumenta el Amor que sientes por ti mismo. ¿No sientes amor por ti mismo? No lo creo. Lo haces, pero tienes miedo de que te digan que eres vanidoso si te amas a ti mismo. Eso es raro.

El amor nunca hace daño. El amor pone tu vida en armonía y eso puede dar miedo a veces. Sin embargo, sigue amando.

Y en caso de que tengas miedo de ser demasiado orgulloso por amarte a ti mismo, no te preocupes. Si te amas a ti mismo el orgullo no tiene ninguna posibilidad.

Eso es porque el Amor es mucho más elevado que el Orgullo. El Amor al que me refiero aquí es incondicional, que es el verdadero y único Amor que existe. Cualquier cosa diferente a eso no es Amor. Al menos no desde mi punto de vista.

Vamos a por ello de nuevo. Ámate un poco más. Y un poco más. Y un poco más. Permite que el amor fluya a través de ti.

¿Qué experimentas? ¿Te sientes mejor o peor? Tal vez te sientas peor, ya que de alguna manera todos tenemos una relación extraña con el amor. Eso significa que nos resistimos a aceptarlo para nosotros mismos.

O no aceptamos el amor para nosotros mismos cuando no hemos hecho algo de valor para recibirlo. Así sentimos que no somos lo suficientemente buenos para ser amados.

Sinceramente, no es cierto que tengas que ser de una determinada manera o hacer ciertas cosas para ser digno de recibir amor.

Simplemente ve y date amor a ti mismo. Sí, ahora mismo. Invita al amor a surgir en ti y observa lo que sucede.

No puedes forzar el amor. Solo permite y observa.

Con suerte, ahora tienes una mejor comprensión de por qué tu entorno o tus circunstancias no importan. Tú tienes el mayor impacto en tu mundo.

Cuando te mantengas en Máxima Energía positiva reconocerás que tienes un impacto mucho mayor en tu experiencia de vida que cualquier otra persona.

Es tu decisión la que da a tu entorno o a las circunstancias el poder sobre tu experiencia.

Si tu entorno o las circunstancias te hunden, es porque pones tu atención en ellos constantemente.

Concentra tu atención en lo que quieres, en tu energía positiva. Tú eres energía positiva. Céntrate en el amor.

Resumamos el papel de tu entorno y por qué no importa:

- ▶ Tu Entorno es todos y todo lo que te rodea. Si adoptas una perspectiva expansiva, entonces tu entorno es todo el Universo.
- ▶ Tu Entorno te señala a ti mismo. Con todo lo que sientes, se te recuerda que debes mirarte a ti mismo.
- ▶ Tu Entorno tiene un impacto en tus sentimientos así como en tus acciones/reacciones.
- ▶ Tú decides permanecer en el nivel de energía de tu entorno.
- ▶ Puedes decidir ser positivo o negativo sin importar el nivel de energía de tu entorno.
- ▶ Es un hábito subconsciente seguir el nivel de energía de nuestro entorno.
- ▶ Repitiendo constantemente nuestra decisión de ser positivos y cariñosos podemos incluso influir en el nivel de energía de nuestro entorno.
- ▶ Tú decides ser positivo o negativo. Siempre es tu decisión. Puedes ser positivo o negativo, pero no ambas cosas a la vez.

Cómo Mantenerse Por Delante De Los Entornos Y Las Circunstancias Desenergizantes

Todos hemos tenido momentos difíciles. Puede que el año 2020 haya sido uno para ti. Tal vez una vez perdiste tu trabajo o tu dinero o incluso lo peor de alguien a quien amas.

Todos estos eventos tienen el potencial de arrastrarnos a ser negativos. No tiene por qué ser así. Pero esto no significa que haya que descuidar los sentimientos de tristeza, dolor o lo que sea que experimentes.

Son sentimientos que forman parte de nuestra experiencia humana. Siempre podemos reconocer cómo nos sentimos y decidir si nos gusta sentirnos así.

Incluso en los momentos en los que no nos parece posible sentirnos positivos porque los sentimientos que se avecinan son muy fuertes, podemos decidir ser positivos y amorosos.

Se necesita valor para permitir que los sentimientos que surgen sean y decidir dejarlos ir. Decidir sentirse más positivo mientras suceden cosas malas en tu vida requiere práctica.

A cada momento podrías utilizar los cuatro pasos descritos en este libro para cambiar cómo te sientes.

Hasta ahora has visto que tus sentimientos son una reacción a lo que ocurre a tu alrededor.

Por lo tanto, si no te molestara lo que sucede, no tendrías ningún sentimiento al respecto.

Además, has visto que eres tú quien decide seguir un sentimiento o decide sentirse diferente.

Todo lo anterior tiene un gran impacto en tu vida. Porque ahora puedes ver que no eres la víctima de tu entorno o de las circunstancias.

Cuanto más profundizas en los sentimientos negativos, más cosas negativas empiezan a suceder en tu vida. Pues bien, lo que es cierto para la negatividad podría serlo también para la positividad.

El mundo en el que vivimos es el de la dualidad. Tienes que decidir. Puedes tener esto o aquello, pero no ambas cosas. No puedes ser negativo y positivo al mismo tiempo.

No puedes estar triste y reír al mismo tiempo. Decide experimentar una de las dos cosas.

Dicho esto, espero que ya tengas una idea de cómo mantenerte por encima de los entornos y las circunstancias que tiran hacia abajo.

Sí, tienes razón. Tú decides estar por encima de ellos mentalmente. Tu poder es tu decisión. Aunque tengas que decidirlo mil veces.

¿Cuánto tiempo tardas en decidirte? Honestamente, toma una fracción de segundo.

Cuando decides, decides. Hecho. No hay que discutir sobre el qué, el por qué y el cómo se decide o si puede haber una decisión mejor.

Imagina que sopesas si ser positivo es una buena decisión cuando te sientes negativo. ¿Por qué te decidirías por ser negativo? ¿Se siente bien ser negativo? No, no lo es. Aunque, ¿por qué no decidir ser positivo?

Una vez más, decides estar por encima del ambiente deprimente que te rodea. Decide y decide y decide que tus sentimientos son más grandes que todo lo que te rodea.

No se trata de ser superior. Todos somos iguales. Todos tenemos acceso al mismo poder elevado que está dentro de todos nosotros. Tenemos más cosas en común que diferencias.

No necesitas estar de acuerdo con esto ahora mismo. Un día podrías estar de acuerdo conmigo cuando experimentes lo que quiero decir con lo anterior.

Tampoco es necesario que creas todo lo anterior. Puedes descubrirlo por ti mismo. Tienes que descubrir por ti mismo que todo esto es cierto.

Porque solo si lo descubres por ti mismo, lo sabrás. Y el saber viene de la experiencia de que tú eres la energía, el poder.

Sin embargo, este poder real que eres es muy sutil. Puedes pasarlo por alto. Es sutil como lo es el verdadero amor incondicional.

Lo mismo ocurre con el agua, por ejemplo. El agua podría ser muy sutil y suave.

Por otro lado, el agua puede ser tan poderosa y destructiva que quieras salir de su camino tan rápido como puedas.

La energía que hay en tu interior es similar al agua. Pero aunque actúe con fuerza, puede ser mucho más suave que el agua. No tengas miedo. No podrías dañarte a ti mismo o a los demás cuando estás usando amorosamente tu potencial de Máxima Energía.

Lo estás utilizando de todas formas sin ser consciente de ello. Eso es porque tú eres esta energía. Date cuenta por ti mismo.

¿De dónde sacas tu energía? De tu interior, ¿verdad? ¿Podrías sentir esta energía un poco más? ¿Y más? ¿Y más? ¿Y aún más?

¿Qué experimentas? Sea lo que sea, déjate llevar por la sensación. Relájate y déjate llevar.

De todos modos, te sientes más ligero cuando te dejas llevar. Y la sensación de ligereza te demuestra que has soltado. Así te lo demuestras a ti mismo.

Aunque me repita, de niño sabías instintivamente cómo soltar. Es una habilidad natural. Mientras crecemos nos olvidamos de esta habilidad natural.

Así es como te mantienes por encima de los entornos y las circunstancias que tiran hacia abajo.

Pero recapitulemos, para tener la visión de conjunto:

► Si decides mantenerte positivo, podrás estar por encima de los entornos y las circunstancias que te hacen bajar.

► Puede ser necesario practicar para mantenerse positivo todo el tiempo.

► Siempre es tu decisión qué sentimiento sigues o si eliges uno diferente.

► Solo podrías experimentar tus sentimientos sobre el entorno o las circunstancias.

► Como los sentimientos que tienes sobre una situación son solo tuyos, depende de ti dejar que estos sentimientos se vayan y decidir sentirte diferente.

► Tú eres el poder, ya que eres quien toma la decisión.

► Se trata de amor incondicional. Para ti y para los demás.

► El amor incondicional es una energía sutil pero extremadamente poderosa. No puedes pensarlo, solo puedes experimentarlo.

Cuanto Menos Lo Fuerces, Más Fácil Será

Hoy en día todos queremos resultados rápidos. ¡Si queremos algo, lo queremos AHORA! La paciencia parece ser una palabra del pasado. Si no conseguimos lo que queremos inmediatamente, perdemos el interés o nos enfadamos.

Ninguna de estas reacciones nos ayuda a sentirnos bien con nosotros mismos. Cuanto más fuerzas algo, más parece que te alejas de ello. Por lo tanto, fuerzas aún más las cosas.

Y cuanto más se fuerza, más esfuerzo hay que hacer para conseguirlo. Es todo lo contrario de cómo funciona realmente.

Cuanto menos fuerces algo, más fáciles serán las cosas. Forzar también puede significar que te obligas a hacer algo que necesitas hacer pero que no te gusta.

El hecho de que no te guste hacer esa cosa hace que te obligues a hacerla y eso requiere mucha energía.

Cuando te decides a hacerlo y permites que sea fácil, las cosas pueden ocurrir más fácilmente de lo que crees. Y todos tenemos cosas que tenemos que hacer y que no nos gustan. Tenemos que hacerlas de todos modos. Pero, ¿por qué no hacerlo lo más fácil posible?

A veces la fuerza de voluntad puede interponerse en nuestro camino para hacer las cosas. La fuerza de voluntad no es buena ni mala.

Solo tenemos que ser conscientes de cómo utilizamos nuestra fuerza de voluntad y hasta qué nivel la ponemos en algo. Más fuerza de voluntad no significa que las cosas salgan mejor.

Dependiendo de las cosas que te gusten hacer o conseguir puede ser suficiente con poner solo un poco de fuerza de voluntad en ello. Solo la suficiente fuerza de voluntad para seguir adelante.

En este caso, la fuerza de voluntad también podría significar una decisión que has tomado con plena determinación. Estás decidido a lograr tu objetivo.

Sin embargo, no estás forzando la existencia de tu objetivo. Sí, sé que suena raro. Imagina que quieres que algo funcione a toda costa. La sensación es de cierta fuerza y también hay cierta incertidumbre sobre la posibilidad de hacerlo realidad.

Cuando te relajas y te centras en el resultado y permites que las cosas sucedan, pones mucha más energía concentrada y elevada en el resultado. Esto puede incluso sentirse menos agotador.

La sensación de incertidumbre/duda, si puedes hacer que suceda, es algo normal. Pero eso no significa que tenga que ser así.

Cuando llegas al nivel adecuado de determinación y energía que pones en algo, llegas a un punto en el que sabes que sucederá. No puedes forzar que las cosas buenas te sucedan constantemente. Tienes que permitir que las cosas buenas te sucedan constantemente.

Tus sentimientos y pensamientos son las cosas que tienes que observar.

No intentes forzar tus sentimientos y pensamientos en una dirección concreta. Decide.

Decidir es mucho más poderoso que forzar un cambio. Las decisiones se toman en una fracción de segundo una y otra vez. Forzar un cambio es poner energía en él permanentemente, lo cual no es necesario. Esto último puede ser agotador.

Sé inteligente - ¡Decide!

Es posible que tengas éxito si pones mucha energía en lo que quieres conseguir o cambiar. ¿Pero es eso inteligente? No lo creo.

Cuanta menos energía necesites para conseguir algo, mejor. Sí, a veces puede ser necesario poner más esfuerzo en algo. Sin embargo, eso no significa que haya que hacerlo todo el tiempo. Es un buen hábito observarte a ti mismo y reconocer cuando empiezas a empujar las cosas para que sucedan desde dentro.

Relájate y céntrate en el resultado final que quieres conseguir. Luego sigue adelante. Haz lo que hay que hacer, pero hazlo con y desde el Amor.

Si no puedes sentir Amor y/o Alegría mientras haces algo, simplemente sonríe y puede que te sientas mucho mejor al respecto.

Recuerda que tienes que decidir. Puedes sonreír y estar feliz o desaprobar y sentirte mal. Pero no puedes hacer ambas cosas al mismo tiempo.

Resumamos:

▶ Todos queremos resultados rápidos, si no inmediatos.
▶ La paciencia parece ser una palabra del pasado.
▶ Estamos constantemente presionando para obtener resultados.
▶ Utilizar la pura fuerza de voluntad no siempre es la mejor decisión.
▶ Tomar una decisión firme puede ser incluso más poderoso que usar solo la fuerza de voluntad.
▶ La fuerza de voluntad se utiliza para mantenerse centrado en el resultado final y no para hacer que el resultado final se produzca.

Cómo Mantener Tu Decisión De Permanecer En La Máxima Energía

Puede que te lo preguntes, pero se necesita tu decisión para permanecer en la Máxima Energía. Y se requiere tu observación para ver si te alejas.

En caso de que te alejes de la energía elevada, tienes que decidir de nuevo para sentirte mejor. Por lo tanto, es un proceso continuo de supervisión de dónde estás en ese momento.

Sin embargo, esto puede parecer mucho trabajo. Puede que lo sea al principio. Con el tiempo te acostumbras a ser consciente de cómo te sientes y puedes dirigirte hacia una energía más alta.

El proceso para permanecer en Máxima Energía es simple también. Solo se necesita tu observación interna y una decisión.

Supongo que esto último es algo que ya esperabas. Sí, siempre se reduce a tu decisión.

Solo un rápido recordatorio.

Tampoco se trata de suprimir ningún sentimiento o pensamiento. Permíteles ser. Son solo energía. El momento en que reconoces que te sientes molesto o negativo por algo es el momento en que necesitas decidir ser positivo y amoroso.

Claro que tienes que repetir la decisión una y otra vez, pero es un proceso rápido. Decidir solo lleva un segundo o menos. Por lo tanto, puedes hacerlo fácil y rápidamente todas las veces que lo necesites.

Es suficiente con decidir ser positivo y amoroso cada vez que reconozcas que eres negativo. Con el tiempo te haces más presente a tus sentimientos y pensamientos, así como a tu energía superior.

Con la repetición se aprende y se mejora.

Para resumir de nuevo:

▶ Observar tus pensamientos y sentimientos te ayuda a reconocer cuando te alejas de la energía superior positiva.
▶ Permite que los sentimientos y pensamientos negativos sean.
▶ Tomando una decisión es como te mantienes en energía elevada.
▶ La repetición es la clave. Decide una y otra vez hasta que sientas la energía superior.
▶ Utiliza el Proceso descrito en el capítulo "Cómo Entrar En Máxima Energía En 4 Sencillos Pasos" que comienza en la página 49.

Cómo Un Compañero De Responsabilidad Podría Ayudarte A Aumentar Tu Energía

De vez en cuando es bueno que haya alguien a nuestro alrededor que pueda indicarnos la dirección correcta. Esto también es cierto en lo que se refiere a permanecer con una energía más alta. En caso de que bajes a la energía negativa, otros podrían reconocerlo antes que nosotros mismos.

Aunque si tienes a alguien que te conoce bien y está dispuesto a señalar que no suenas positivo, eso podría ser útil.

Tu pareja debe saber que esto no debe usarse para desaprobarte si caes en la negatividad. Eso sería contraproducente. Tampoco se trata de obligarte a reprimir tus sentimientos.

Por ello, tiene sentido encontrar a alguien a quien le guste estar en Máxima Energía también. Entonces ambos podrían recordarse mutuamente el permanecer en Máxima Energía.

Además, puede que no sea una buena idea elegir a un miembro de la familia. Esto se debe a que los miembros de la familia nos provocan mucho más que otras personas.

Un buen amigo tuyo podría ser la mejor opción para ti. Sin embargo, tener un compañero de responsabilidad no es un requisito. Lo único que se requiere es tu decisión y determinación.

Sí, de nuevo es tu decisión la que cuenta.

En caso de que decidas tener y encontrar un compañero de responsabilidad, podrías descubrir que es un poco más fácil permanecer en una energía más alta.

Esto se debe a que la energía superior es contagiosa. Por lo tanto, si dos o más personas se reúnen con Máxima Energía o con la intención de mejorar su nivel de energía, el levantamiento es un poco más fácil.

No me malinterpretes, no es necesario tener un compañero. Puedes llegar a un nivel de energía más alto y mantenerte ahí por ti mismo.

Sin embargo, a veces puede ser una buena idea tener un compañero. Supongo que has entendido lo que quiero decir. Incluso si tienes un compañero no es necesario que dependas del otro.

Es un vínculo suelto. Se reúnen cuando uno o ambos lo necesitan. Y como ya sabes no hace falta mucho tiempo para llegar a la energía superior. Pero, ¿cómo se puede hacer esto cuando se tiene una pareja? Bueno, uno podría guiar al otro dirigiendo el proceso de los 4 pasos.

Es así de fácil. ¿Quieres que sea aún más fácil? Lo he adivinado. Podrías usar solo el Paso 4. Sí, pregunta al otro qué sentimiento le gusta sentir y decide sentirse así.

Por ejemplo, tu pareja podría querer sentir más alegría. Pídele a tu pareja que permita que surja la alegría.

¿Permitir que surja más alegría? ¿Podrías permitir que surja aún más alegría?

Y así sucesivamente. Tu pareja puede confirmar la pregunta con un sí o no decir nada y limitarse a observar. Cualquiera de las dos formas funciona. Por supuesto, la respuesta es mejor si trabajáis juntos por teléfono. Así cada uno de ustedes sabe que el otro sigue el proceso.

¿Sabes lo que hacemos ahora? Sí, volvemos a resumir:

▶ Un compañero podría recordarte que debes mantenerte en una energía positiva más alta.

▶ Escoge una pareja que no sea de tu familia, ya que los miembros de la familia podrían activarte mucho más que otros.

▶ Un compañero podría ayudarte a entrar en energía positiva más fácilmente.

▶ No es necesario tener una pareja, pero a veces puede ayudar.

Método De 30 Segundos Para Acabar Con El Agobio O Cualquier Otro Sentimiento

Es bueno saber cómo salir de un mal estado de ánimo rápidamente.

Aunque tengas que repetir el proceso varias veces hasta que te sientas con más energía.

Aquí tienes un sencillo método de 30 segundos que te ayudará a salir de un sentimiento fuerte:

- ▶ inhala profundamente
- ▶ exhala lentamente
- ▶ repite la respiración lenta y profunda al menos dos veces más.

Puedes hacer lo que quieras - pero por favor haz algo positivo. Incluso si saltaras o resolvieras una ecuación matemática. Ayudaría. ¿Por qué?

Pues porque aleja tu pensamiento y tu sentimiento del agobio o de cualquier otro sentimiento que tengas y que no te guste. Esto no quiere decir que la sensación de agobio desaparezca. Este método solo te permite volver a tener el control.

Al tener más control, puedes practicar el sencillo proceso de cuatro pasos descrito anteriormente. Utilizar la respiración profunda tiene varios efectos positivos.

En primer lugar, te ayuda a calmarte. En segundo lugar, te proporciona más oxígeno, lo cual es bueno para tu cuerpo en cualquier caso. En tercer lugar, aleja tu mente de lo que te molesta.

Y, por último, te ayuda a soltar la sensación de que te estás relajando. Cuando estás tenso, no puedes dejar de lado una sensación. Estás demasiado ocupado aferrándote a él o tratando de evitarlo. Solo si te relajas, puedes dejar que el sentimiento se disuelva.

Experimentar sentimientos fuertes que te hacen sentir tenso, es similar a un perro que está fuera de control y no reacciona a nada. No importa lo que le grites al perro, el perro seguirá estando fuera de control. Pero si consigues que el perro se distraiga de lo que está haciendo en ese momento, es posible que se calme y tengas el control.

Lo mismo nos ocurre con el agobio o cualquier otro sentimiento fuerte. Nadie puede decirte que te relajes. Tu mente está demasiado ocupada con lo que ha provocado el agobio. Desviar la mente hacia algo diferente como respirar profundamente te permite volver a tener el control.

Como se ha dicho, tiene muchos más beneficios. Incluso puedes tardar menos de 30 segundos en desconectar la mente. Solo hace falta un segundo. En el momento en que empiezas a respirar profundamente es cuando decides acabar con el agobio.

Además, la respiración profunda puede hacerse en cualquier situación. Puede que nadie a tu alrededor se dé cuenta de ello.

¿Reconoces algo aquí, de lo que hemos estado hablando todo el tiempo en los capítulos anteriores? ¿Sí? ¿Qué es? Sí, tienes razón. De nuevo, todo depende de tu decisión. Decides calmarte y sacar tu mente del camino.

Como ves, tus decisiones son una herramienta poderosa. Una decisión que has tomado se ejecutará hasta que decidas detenerla o cambiarla.

Es similar a un programa en tu ordenador. Inicias el programa con una decisión y sigue funcionando hasta que lo cierras. Puede que se ejecute en segundo plano mientras no lo estés utilizando.

Lo mismo ocurre con tus decisiones. Debes decidir con cuidado y eliminar las decisiones que ya no quieres que se ejecuten. ¿Cómo se borran las decisiones antiguas? En el momento en que seas consciente de una decisión antigua, simplemente decide eliminarla. Eso es todo.

Aquí está el resumen de nuevo:

► Respira profundamente o haz cualquier cosa para romper con cualquier sentimiento fuerte e intenso.
► Tu decisión es la que marca la diferencia. Decide estar tranquilo.
► La respiración profunda tiene varios efectos secundarios positivos.
► Borra las viejas decisiones decidiendo abandonarlas.

¿Existe El "Lado Negativo" De La Máxima Energía?

Tal vez te preguntes por qué estar en Máxima Energía o sentirse bien podría tener un lado negativo. Bueno, vivimos en un mundo de dualidad, por lo que siempre hay dos caras en una moneda.

Mientras que es una excelente cosa para ti y para la gente que te rodea estar en Máxima Energía y sentirte bien, puede haber gente a la que no le guste.

Sin embargo, la desventaja es que a algunas personas no les gustará estar o permanecer contigo, si tu energía es alta. Y eso podría ser incluso gente de tu familia. Como ya se mencionó en el capítulo sobre el Medio Ambiente, tratamos de derribar a todos los que nos rodean, si tenemos la sensación de que pueden estar por encima de nosotros.

Esto ocurre sobre todo por un hábito subconsciente que todos tenemos. A todos nos gusta ser los mejores, los ganadores. No nos gusta no ser tan buenos como los demás. No es algo personal. No tiene nada que ver contigo. Es solo un hábito.

Lo puedes ver en ti mismo cuando te observas un poco. Sin embargo, no es buena idea depender tu bienestar y felicidad de nada ni de ninguna persona.

Cuanto más ames, más tendrás a tu alrededor a las personas con las que te gusta pasar tiempo y a las que les gusta pasar tiempo contigo.

Otro inconveniente puede ser que intentes ignorar cualquier sentimiento negativo que puedas tener. Eso no va a funcionar a largo plazo.

Estar en Máxima Energía no significa evitar que surjan sentimientos y pensamientos negativos.

Es mucho mejor usar tu nivel de energía más alto para permitir los sentimientos y pensamientos negativos y dejarlos ir.

Puede que al hacer lo anterior descubras que tu energía es cada vez más alta.

Y no te preguntes si tu vida empieza a mejorar o a empeorar. Si empeora, tienes que seguir adelante, ya que se está produciendo una limpieza.

Es como ordenar las cosas viejas. Simplemente regalas o tiras las cosas que ya no necesitas.

Eso también ocurre mientras aumentas tu energía.

Y por supuesto, tu vida mejorará en un momento dado, si sigues adelante y haciendo el trabajo descrito en este libro.

No culpes a nadie si dejas de hacerlo y las cosas siguen igual que antes. Todo es decisión tuya. Probablemente sabías que iba a decir eso de nuevo.

Tú decides. Solo hazlo conscientemente y en la dirección que te gusta que vayan las cosas.

¿Tienes miedo ahora? Puedo entenderlo. Nunca sabemos lo que va a pasar en nuestra vida, cuando decidimos hacer algo o no.

La vida misma es incertidumbre. Solo una cosa es segura: un día tu cuerpo morirá. Todo lo demás es incierto.

Todos nos esforzamos por hacer nuestra vida más cierta y segura.

La mayor certeza y seguridad que puedes tener se encuentra dentro de ti mismo. No necesitas creerlo ahora mismo.

Practica los 4 pasos y descúbrelo por ti mismo.

Quizá haya más desventajas, pero ahora mismo no se me ocurre ninguna.

Los aspectos positivos son mucho más que los negativos. Lo anterior es lo que tienes que tener en cuenta.

Dicho esto, recapitulemos:

► No a todo el mundo le puede gustar cuando estás en una energía más alta y te sientes muy bien.

► Todos tratamos de derribar a otros si sentimos que son mejores que nosotros. No es algo personal.

► Incluso los miembros de la familia pueden no querer que mejores.

► Cuanto más tu energía esté cambiando a una energía más y más alta, puede que haya cosas y/o personas que se vayan de tu vida. Es simplemente limpiar tu vida. Sigue adelante hasta que mejore.

¿Y Ahora Qué?

Confío en que hayas disfrutado de la lectura de este libro y te hayas divertido haciendo los ejercicios. Sea cual sea tu experiencia, mi deseo es que tengas el coraje y la persistencia de seguir utilizando los ejercicios en tu vida diaria.

Para mantener tus esfuerzos, podrías convertirlos en un hábito regular. Cuanto más a menudo hagas los ejercicios que he descrito, mejor te sentirás.

Sentirse mejor es solo el comienzo de tu viaje. Cuanto mejor te sientas, cuanto más energía positiva envíes, mejor será tu vida.

Sin embargo, no puedo garantizarte eso. Porque depende de ti hacer lo necesario. No puedo hacer que te sientas mejor, no puedo mejorar tu vida, solo puedo mostrarte cómo hacerlo tú mismo.

A pesar de que hay cosas que puedes hacer por ti mismo para que te funcione. Aquí tienes algunas ideas:

- ► Reserva un tiempo para ti cada día. Unos minutos pueden bastar para empezar.
- ► Observa lo que sientes.
- ► Reconoce si estás tratando de forzar el sentimiento de bien/amor.
- ► Acepta el Amor para ti mismo.
- ► Acepta el Amor y la Paz para todos.
- ► Ten un poco de quietud de vez en cuando o más a menudo, cuando sientas que lo necesitas.

Si quieres tener más ayuda, puedes inscribirte en una membresía gratuita en mi sitio web.

En caso de que te haya gustado este libro y te haya ayudado, te agradezco mucho que te tomes el tiempo de escribir una reseña a través del lugar donde lo compraste.

O que envíes un testimonio así como cualquier pregunta o sugerencia que tengas a: books@s2executivecoaching.com

ENHORABUENA por haber leído este libro y haber iniciado un maravilloso viaje.

Te deseo todo lo mejor en la vida y mucho amor.

Saludos cordiales,
Stephan

Agradecimientos

Esta sección es para dar las gracias. Gracias a todas las personas que han tenido un impacto en mí y en mi viaje.

Eso te incluye a ti también. Ya que sin ustedes leyendo este libro, faltaría algo.

Por supuesto, estoy agradecido por el apoyo de mis familiares, amigos y muchas otras personas (eso os incluye a vosotros de nuevo). Me siento realmente bendecido.

Gracias también a la vida y al amor por permitirme estar en un viaje increíble que me sigue recordando quién soy realmente.

Me siento agradecido por la posibilidad de estar en este viaje y por todas las personas con las que me he cruzado y que me han ayudado hasta ahora. Ya han sido demasiadas personas para enumerar todos sus nombres aquí.

Así que, GRACIAS, a cada uno de ustedes.

Si te gustó **Siéntete Bien: ¡Es Tu Decisión!** también te puede gustar...

Focus Yourself And Get Things Done (en ingles)

¿Estás cansado de la "trampa de estar siempre ocupado"? Entonces este Informe sobre un Ejercicio de Enfoque podría ser lo que necesitas.
Un método sencillo pero eficaz para centrarte en lo que quieres.

Puedes descargarlo gratis si eres miembro de www.s2executivecoaching.com (ahora solamente disponible en ingles)

También está disponible un audio de un ejercicio de enfoque guiado para los miembros (ahora solamente disponible en ingles también).

Referencia Rápida De Los Ejercicios:

Los ejercicios comienzan o pueden encontrarse en las páginas referenciadas abajo.